Ich *und* Du

Der praktische Ratgeber zum Tarot

Armin Denner

KÖNIGSFURT-URANIA

Bibliografische Information der Deutschen Bibliothek
Die Deutsche Bibliothek verzeichnet diese Publikation in der
Deutschen Nationalbibliografie; detaillierte bibliografische Daten
sind im Internet über http://dnb.ddb.de abrufbar.

Originalausgabe
Krummwisch bei Kiel 2009

© 2009 by Königsfurt-Urania Verlag GmbH
DE-24796 Krummwisch
www.koenigsfurt-urania.com

Umschlag: Antje Betken unter Verwendung eines Motivs
aus den Tarot-Karten von Aleister Crowley und Lady Frieda Harris
Tarot-Karten: Original Aleister Crowley Thoth Tarot
von Aleister Crowley und Lady Frieda Harris, © by O.T.O. Austin/TX, USA
und AGM AGMüller, Neuhausen, Schweiz.
Satz und Layout: Sailer. Grafische Gestaltung, www.barbarasailer.de
Druck und Bindung: Finidr s.r.o.
Printed in EU

ISBN 978-3-86826-521-7 (Buch separat)
ISBN 978-3-86826-523-1 (Set mit Buch & Karten)

VORWORT

In jedem Tarot-Satz gibt es eine Karte für die ursprüngliche, natürliche Weiblichkeit. Diese Karte, Arkanum III, heißt im Crowley-Tarot *Die Kaiserin*. Ihr Deutungsspektrum reicht von Mutter bis Mutter Erde; sie steht für die Göttin der Vorzeit und die Zyklen der Natur. Ihre Eigenschaften spielen gegenwärtig nur eine untergeordnete Rolle. Die modernen Rhythmen werden von der Technik diktiert und Zeit darf nicht sinnlos vergeudet werden, denn Zeit ist Geld. Das *Der Kaiserin* folgende Arkanum IV trägt die Bezeichnung *Der Kaiser*. Dieser steht für den männlichen Gegenpol *Der Kaiserin* und die Deutung reicht von Vater bis Vater Staat. *Der Kaiser* symbolisiert die Eigenschaften unserer momentanen Zivilisation.

Ab einem bestimmten Grad seiner Entwicklung setzte sich der Mensch über die Vorgaben der Natur wie z. B. Jahreszeiten, Wetterbedingungen und Dunkelheit hinweg und war diesen nicht mehr völlig hilflos ausgeliefert. Er brachte das Feuer unter seine Kontrolle und eroberte mit dieser neuen Waffe die Reviere wilder Tiere. Er schützte sich vor Unwettern in Höhlen, die er vormals stärkeren Mitbewerbern hatte überlassen müssen. Er sammelte nicht mehr lediglich jene Geschenke, welche die Wildnis ihm freiwillig überließ, sondern begann, Anbau zu betreiben. Die nötigen Gebiete rang er der Natur gewaltsam ab und betrachtete das eroberte Land als seinen Besitz. Er wurde sich der Zeit bewusst und unterteilte diese in Vergangenheit, Gegenwart und Zukunft. Sein erwachendes Bewusstsein ging auch mit neuen, nie gekannten Ängsten einher und deshalb hortete er mehr, als er ausschließlich für den Moment benötigte. Ein nunmehr männlicher Gott sprach zu all seinen Kaisern: »Macht Euch die Erde, *Die Kaiserin*, untertan!«

Im Zuge seiner Evolution ist es die schicksalhafte Aufgabe des Menschen, seinen freien Willen eigenverantwortlich zu entwickeln und aus den einst übermächtigen Rhythmen der Natur bewusst herauszutreten. Doch in Jahrtausenden des materiell ausgerichteten Fortschritts ist die Energie *Des Kaisers* umgeschlagen in Raubbau und Krieg. Die Energie *Der Kaiserin* wird von der Dominanz *Des Kaisers*, der auch als Eroberer bezeichnet wird, unterdrückt und vergewaltigt. Der Mensch wird lernen müssen, sich in Achtsamkeit und Würde mit der alten Erdgöttin der Weiblichkeit erneut zu vereinen.

Wenn die beiden Karten *Die Kaiserin* und *Der Kaiser* in ihrer natürlichen Reihenfolge nebeneinander liegen, blicken sich beide Figuren auf gleicher Höhe in die Augen. Dies bedeutet, dass männliche und weibliche Eigenschaften sich auf allen Ebenen gegenseitig ergänzen sollten. Gerade weil diese beiden Energien so unterschiedlich sind, werden sie gemeinsam etwas völlig Neues zum Leben erwecken. *Der Kaiser* setzt seinen Samen, während *Die Kaiserin* diesen austrägt und gebiert. Das zukünftige Kind, der Mensch des neuen Zeitalters wird Gefühl und Verstand bewusst in sich vereinen. Natur und Zivilisation werden Hochzeit halten. *Der Kaiser* und *Die Kaiserin* werden sich auf gleicher Höhe in die Augen blicken.

Die Karten des Tarot erreichen unsere Intuition und auch unseren Verstand. Das Betrachten der Bilder spricht zu unseren Gefühlen und regt unser Denken an. Die Botschaften der Karten bringen eine Saite in uns zum Vibrieren, deren Resonanz unsere linke und rechte Gehirnhälfte gleichermaßen berührt. Dieses Buch will seinen Teil dazu beitragen, dass die Energien *Des Kaisers* und *Der Kaiserin* in uns allen gleichberechtigt kommunizieren können.

ICH UND DU

Ich und Du ist ein Legesystem mit nur zwei Karten, das es Ihnen ermöglicht, in energetischen Kontakt mit fast jedem beliebigen Gegenüber zu treten. Sie benötigen für Ich und Du keinerlei Vorwissen, sondern lediglich Toleranz und die Bereitschaft, ohne Vorbehalte die tieferen Beweggründe Ihres jeweiligen Du nachzuvollziehen.

Überlegen Sie sich im Vorfeld, mit wem Sie Ihren Dialog führen wollen. Als Du ist Ihr Inneres Kind ebenso geeignet wie Ihr aktueller oder auch Ihr verflossener Liebespartner, mit dem Sie innerlich ins Reine kommen wollen. Sie können mit Ihrem Unbewussten sprechen oder mit dem Personalchef, mit dem Sie nächste Woche Ihren Einstellungstermin haben. Formulieren Sie gedanklich das Anliegen an Ihr Gegenüber so konkret wie möglich. Die erste Karte, die Sie für die Ich-Position ziehen, führt Sie stets einen Schritt tiefer und intensiver in Ihr befragtes Thema hinein. Sie decken anhand dieser Karte Hintergründe Ihrer Angelegenheit auf. Die zweite gezogene Karte auf der Du-Position antwortet Ihnen auf der exakt gleichen Bewusstseinsebene wie die erste, nur diesmal aus der Sicht Ihres Dialogpartners.

Wie im täglichen Leben auch, kann die Antwort unseres Gegenüber höchst überraschend ausfallen. Wir bekommen Hinweise, die unseren bisherigen Horizont erweitern und unser zukünftiges Verhalten geschmeidiger und souveräner gestalten. Oder wir erhalten eine Erklärung dafür, warum sich jemand sonderbar oder befremdlich verhält und können dadurch die Motive unseres Gegenüber besser verstehen. Auch das Finden eines neuen Wir-Gefühls ist möglich, indem Gemeinsamkeiten entdeckt, aber auch die Unterschiede zweier Seiten mehr respektiert und gewürdigt werden.

Wenn Ihnen die erhaltene Antwort noch nicht genügt, können Sie den Vorgang durchaus wiederholen und erneut eine Karte für die Ich-Position ziehen, die von einer weiteren Du-Karte beantwortet wird. Anhand dieser Auslagetechnik haben Sie sogar die Möglichkeit eines zusammenhängenden Gespräches. Im Deutungsteil dieses Buches finden Sie als Anhang zu jeder einzelnen Karte *kurze und prägnante Aussagen speziell für Ich und Du. Selbstredend lässt sich Ich und Du mit den anderen angebotenen Auslagemöglichkeiten bestens ergänzen und erweitern. Sehen Sie im Kapitel Legesysteme nach und starten Sie!*

WELCHE VORTEILE BRINGT MIR DER TAROT?

Das Deuten von Tarot-Karten lässt sich vergleichen mit vorausschauendem Fahren im Straßenverkehr. Eine vorausblickende Fahrerin nimmt durch ihre größere Übersicht weit mehr wahr als lediglich das, was sich direkt vor ihrer Nasenspitze abspielt.

Sie fährt erheblich sicherer und gelassener, weil sie bereits frühzeitig auf Veränderungen im Verkehrsfluss reagieren kann. Ihr Weitblick lässt sie schon im Voraus erkennen, was auf sie zukommen wird und sie verhält sich entsprechend. Um uns über die Verkehrslage in großer Entfernung aufzuklären, benützen wir den Verkehrsfunk. Wir erhalten durch dieses technische Hilfsmittel Hinweise, die um ein Vielfaches über unsere körperliche Sinneswahrnehmung hinausgehen. Unsere Variationsmöglichkeiten als Fahrer steigen dadurch ganz erheblich, denn wir verfügen über Informationen, die uns ohne Hilfsmittel entgehen würden.

Wenn der Verkehrsfunk für unsere geplante Strecke Stau ansagt, können wir diese verlassen und auf anderen Wegen dennoch an unser Ziel gelangen. Wenn wir erfahren, dass unser Ziel momentan nicht zu erreichen ist, werden wir unser Vorhaben vielleicht ändern. Obwohl wir unsere Kenntnisse aus einer technischen Quelle, beispielsweise dem Radio, beziehen, werden wir unser weiteres Vorgehen auf diese indirekt erhaltenen Informationen abstimmen. Wir wissen, dass es sinnvoller ist, sich dem Verkehrsfluss anzupassen. Mit dem Tarot verfügen wir über ein esoterisches Hilfsmittel, das im Alltag zu den gleichen Ergebnissen führt wie der Verkehrsfunk im Straßenverkehr.

Das Auslegen der Karten informiert uns über Energien und Hintergründe, die wir ohne Hilfsinstrument nicht wahrnehmen könnten. Durch die Kenntnis bislang unbewusster Zusammenhänge eröffnen sich neue Perspektiven und zusätzliche Möglichkeiten der Lebensgestaltung für uns. Menschen, die den Tarot zu Rate ziehen, leben übersichtlicher. Sie blicken über ihren Tellerrand hinaus. Ihre erweiterte Sichtweise führt mit der Zeit automatisch dazu, dass sie toleranter, entspannter und auch intensiver leben. Der Kontakt mit der Welt des Tarot sensibilisiert unsere Wahrnehmung. Die Folge ist eine erhöhte Achtsamkeit gegenüber den kleinen und großen Dingen des Lebens.

All unsere Lebensumstände ergeben sich aus dem Zusammenspiel unterschiedlicher Energieformen. Manche dieser Energien sind für die menschlichen Sinne gut erkennbar, manche weniger gut, die meisten jedoch überhaupt nicht. Dies liegt daran, dass unsere Sinne Energiefrequenzen erst in einem sehr dichten, grobstofflichen Zustand wahrnehmen können. Die Tarot-Karten hingegen weisen uns auch auf feinstoffliche Energien hin – insbesondere auf jene, welche maßgeblichen Einfluss auf uns und unser Leben haben.

Energiefelder, die gegenwärtig noch nicht deutlich spürbar auf uns einwirken, auf die wir jedoch gerade zusteuern, haben mit unserer Zukunft zu tun. Im Falle des vom Verkehrsfunk angekündigten Staus wissen wir, dass wir ihn in der Zukunft erreichen werden, wenn wir wie geplant weiterfahren. Unsere aus heutiger Sicht noch zukünftigen, feinstofflichen Energien werden wir ebenfalls eines Tages erreichen. Dann werden sich diese verdichtet haben und unsere Gegenwart, unsere Lebensumstände sein. Ähnlich wie im Straßenverkehr haben wir die Wahl, ob wir unseren eingeschlagenen Weg weiterhin fortsetzen oder aber auch ändern wollen. Unsere Vorgehensweise wird sich danach ausrichten, inwieweit wir die zu erwartenden Ergebnisse als wünschenswert einschätzen. Sollte dies nicht der Fall sein, werden wir sinnvollerweise unsere momentane Richtung korrigieren.

Im Gegensatz zur Verkehrslage jedoch, die uns auf unserem weiteren Weg unabänderlich erwartet, können wir unsere Zukunft in vielerlei Hinsicht selbst gestalten. Genau hier kommen jene Energien ins Spiel, die wir normalerweise nicht in unsere Möglichkeiten mit einbeziehen, weil sie unsere grobstoffliche Wahrnehmung übersteigen und wir deshalb keine Kenntnis von ihnen besitzen. Die Hinweise, um dieses Potential immer bewusster zu nutzen, erhalten wir von unserem Hilfsmittel, den ausgelegten Tarot-Karten. Dadurch sind wir den Launen des Schicksals nicht länger hilflos ausgeliefert, sondern bestimmen dieses in zunehmendem Maße selbst.

DER CROWLEY-HARRIS-TAROT

Der Ruf, der Aleister Crowley (1875 – 1947) vorauseilt, kann durchaus als zweifelhaft bezeichnet werden. Uferlose Selbstüberschätzung und Genialität prallen mit voller Wucht in einem nur schwer verständlichen Charakter aufeinander, an dem sich bis heute die Geister scheiden. Crowley über Crowley: »Mag sein, dass ich ein Schwarzmagier bin, aber dann ein verdammt großer ...«

Wenn man sich mit der Biographie Crowley´s intensiver befasst, wird man neben seinem Leben auf der Überholspur vor allem eines entdecken: Ein gigantisches magisches Wissen. Manche bezeichnen ihn als den kompetentesten Magier des vergangenen Jahrhunderts. Gegen Ende seines Lebens durfte Crowley einen lange gehegten Wunsch in die Tat umsetzen. Durch die Zusammenarbeit mit der Malerin und Mystikerin Lady Frieda Harris (1877 – 1962) konnte er all seine Erfahrungen in Bildern ausdrücken. Das Zusammentreffen von Aleister Crowley und Frieda Harris ließ beider Fähigkeiten in ein gemeinsames Ziel einmünden: Tarot-Karten, welche die völlig unterschiedlichen Energien dieser zwei Menschen bündeln. Licht und Schatten ergänzen sich, um farbige Bilder entstehen zu lassen. Mit dem Crowley-Harris-Tarot haben wir Karten vor uns, die an Intensität und Tiefe bis heute ihresgleichen suchen.

Wir können ein Messer dazu benützen, um unsere Frühstücksbrötchen zu halbieren, wir können jedoch mit dem selben Messer größten

Schaden anrichten. Das Messer als solches ist völlig neutral. Für den Crowley-Harris-Tarot gilt dies ebenfalls, denn er kann, wie auch jede andere Energieform, zu konstruktiven oder destruktiven Zwecken gleichermaßen verwendet werden. Die Art der Handhabung hängt ausschließlich vom jeweiligen Anwender und seinen Motiven ab. Der Crowley-Harris-Tarot per se ist nicht dunkler oder gefährlicher als andere Tarot-Ausgaben auch – er erreicht nur tiefere Schichten als diese. Es handelt sich sozusagen um ein sehr scharfes Messer.

DREI VORTEILE DES CROWLEY-HARRIS-TAROT

• Die farbliche Gestaltung der Kartenbilder wurde gezielt so gehalten, dass wir allein durch das Lesen dieser Farben bereits Aussagen erhalten können. Ein Grundwissen über die energetische Bedeutung von Farben gibt uns einen erstklassigen Deutungsschlüssel in die Hand. Eine kurze Anleitung hierzu finden Sie in jedem Vorspann zu den vier Serien der kleinen Zahlenkarten. Außerdem wirkt sich die Farbgebung positiv bei der Tarot-Meditation aus.

• In den Crowley-Karten wurde eine enorme Vielzahl von Symbolen verarbeitet bis hin zu astrologischen Zuordnungen. Interessierten, die sich mit den entsprechenden Hintergründen befassen, bieten diese Symbole vielseitige Deutungsansätze. Nachdem die verwendeten Symbole aus verschiedenen Zeiten und Kulturen stammen, öffnen sich uns Zugangswege der unterschiedlichsten Art. Ebenso wie Farben sickern auch Symbole ungefiltert in unsere tieferen Schichten ein und zeigen dort Wirkung. Mit zunehmender Beschäftigung werden die Karten also bewusstseinserweiternde Auswirkungen auf den Deuter beziehungsweise Betrachter haben.

• Die 16 Hof- oder Personenkarten wurden von Crowley revolutionär umstrukturiert. In älteren Tarot-Ausgaben steht den drei Männern (König, Ritter, Page) jeweils nur eine Frau, die Königin, gegenüber. Die männlichen Hofkarten reduzierte Crowley auf zwei (Ritter und Prinz) und stellte der vormals einsamen Königin jetzt eine Prinzessin zur Seite. Wenn mit gezogenen Hofkarten konkrete Personen unseres Umfelds angesprochen sein sollten, erleichtert uns diese neue Einteilung die Deutung ganz immens. Im Sinne der Gleichberechtigung ist die Ausgewogenheit der weiblichen und männlichen Personenkarten auch durchaus zeitgemäß.

DER UMGANG MIT DEM TAROT

Sämtliche Fragen, wie man den Umgang mit den Karten pflegen sollte, lassen sich auf eine kurze und lebensnahe Formel bringen: Betrachten Sie Ihre Karten als Freunde! Behandeln Sie Ihre Karten, wie Ihre anderen Freunde – hoffentlich – auch: Begegnen Sie ihnen mit Achtung. Die Karten werden umgekehrt mit Ihnen gleichermaßen umgehen, nämlich so, wie Freunde dies tun sollten: Ehrlich und konstruktiv. Gute Freunde sind nicht daran interessiert, uns herunterzumachen oder klein zu halten. Die Ratschläge, die Sie von Ihren Karten erhalten, werden manchmal bis zur Schmerzgrenze gehen, jedoch niemals darüber hinaus. Sie werden Ihnen Alternativen und Lösungsvorschläge unterbreiten, die Sie bislang übersehen oder lediglich geahnt haben. Wie ein echter Freund eben, der durch seine distanzierte Sichtweise der Dinge ebenfalls unsere Perspektive erweitert und dadurch konstruktive, niemals destruktive Lösungen im Gepäck führt.

Häufiger Kontakt mit den Karten ist empfehlenswert, schon alleine aus Übungszwecken. Doch sollten wir es andererseits nicht übertreiben. Wenn wir zu absolut jedem unserer Vorhaben vorher die Karten zu Rate ziehen müssen, ist dies mit Sicherheit überzogen. Das effektivste Vorgehen, um zu sicheren Deutungen zu gelangen, ist, sich die Auslagen aufzuschreiben und danach in bestimmten Zeitabständen zu überprüfen. Wenn wir vergangene Auslagen mit dem tatsächlich Erlebten in Übereinstimmung bringen, können wir im Nachhinein unser Deutungsspektrum ungeheuer erweitern (»ach, das war mit der Karte XY also auch noch gemeint ...«). Wenn die selbe Karte in späteren Auslagen dann erneut auftaucht, kennen wir sie aufgrund vergangener Aussagen schon erheblich besser und können diese Erfahrungswerte in unsere zukünftigen Deutungen mit einbeziehen. So springt der Tarot am schnellsten ins Leben und wird alltagsbezogen.

Die optimale Stimmung während einer Karten-Befragung kann man mit einem tiefen Gespräch mit einer Freundin vergleichen, deren Meinung und Rat Sie einholen möchten. Erzählen Sie Ihre Lage mit der größtmöglichen Offenheit. Sie werden Ratschläge erhalten, deren Ehrlichkeit und auch Neutralität nicht zu überbieten ist. Ihre Kartenbilder werden Ihnen häufig Hinweise erteilen, die Sie als überraschend empfinden. Wenn die Karten Sie kritisieren, können Sie trotzdem immer davon ausgehen, dass diese Kritik konstruktiv gemeint ist. Wenn Sie in Ihren Ansichten und Ihrer Vorgehensweise bestätigt, ja sogar gelobt werden, hören Sie bitte ebenfalls aufmerksam zu und verweigern Sie sich nicht. Die wichtigste Spielregel lautet: Die Karten lügen nicht!

Die Aussagen der Karten werden niemals völlig über unser Verständnis hinausgehen, den erwünschten Rat werden wir mit Sicherheit immer bekommen. Doch erweitern Kartenbilder gerne unseren bisherigen Deutungsrahmen. Dies ist der Grund, warum wir manchmal Auslagen erhalten, die wir nicht auf Anhieb nachvollziehen können. Erst im Nachhinein werden wir dann verstehen, was uns das ausliegende Bild vollständig mitzuteilen hatte. Wenn wir jedes Bild sofort und problemlos übersetzen könnten, würden wir ja niemals etwas dazulernen. Aus eben diesem Grund ist es ratsam, wenn Sie Ihre Auslagen aufschreiben und später überprüfen.

Abschließend noch der Hinweis auf den häufigsten Fehler im Umgang mit dem Tarot, der aus verständlichen Gründen jedem Praktizierenden immer wieder gerne passiert. Versuchen Sie niemals, die Aussagen der Karten festzunageln, in eine Schublade zu pressen. Die Art von Antworten, die wir von den Karten gerne hätten, um uns »sicherer« zu fühlen, werden wir von ihnen nicht bekommen. Unser Unbewusstes, welches die Karten zieht, passt in keine Schublade und natürlich auch die Karten selbst nicht. Die Aussagen, die Sie von Tarot erhalten, werden immer eine Wahl anbieten und somit auch Wege offen lassen, die wir mitunter gerne festgelegt hätten. Der Tarot überreicht uns exzellente Rezepte, doch kochen müssen wir unsere Mahlzeiten schon selbst! (Und auch verdauen ...) Die Karten sind letztlich lebendig und das Leben lässt sich nun mal nicht festnageln. Vielleicht ist dies sogar der größte Reichtum, den der Tarot uns zu bieten hat: Unser Leben lebendig zu gestalten!

DIE KARTEN-BEFRAGUNG

Von primärer Bedeutung ist, dass Sie Ihre Karten-Befragung in ruhiger und entspannter Atmosphäre durchführen. Blenden Sie für Ihr Ritual den Alltag nach Möglichkeit aus, lassen Sie diesem Moment Ihre ungeteilte Aufmerksamkeit zukommen. Die folgenden Hinweise sind keineswegs bindend, sondern als Anregung zu verstehen.

• Waschen Sie Ihre Hände mit dem Gedanken, negative Energien über Ihre Hände in das abfließende Wasser zu geben und/oder schütteln Sie Ihre Hände aus, um sich von überflüssigen oder störenden Schwingungen zu befreien.

• Dämpfen Sie das Licht. Wenn Sie wollen, legen Sie entsprechende Musik auf, zünden Sie eine Kerze oder ein Räucherstäbchen an.

• Nehmen Sie eine bequeme Sitzhaltung ein, atmen Sie ruhig und entspannen Sie sich. Versuchen Sie, in Ihre Mitte, in Kontakt mit Ihrer Wesenskraft zu kommen. Wenn Sie wollen, schließen Sie die Augen. Grundsätzlich gilt, dass Ihre Stimmung spielerisch-meditativ oder auch entspannt-konzentriert sein sollte, jedoch niemals verbissen oder gar ängstlich und verkrampft.

• Überlegen Sie sich, zu welchem Thema Sie von den Karten genauere Auskunft zu erhalten wünschen oder zu welcher Angelegenheit Sie entsprechende Hintergründe erfahren wollen.

• Entscheiden Sie sich für das Legesystem, das Ihrem Anliegen am besten entspricht.

• Nehmen Sie Ihr Päckchen zur Hand und beginnen Sie, die Karten zu mischen. Dieses Mischen entspricht dem Händeschütteln mit Blickkontakt bei der Begrüßung eines Menschen. Entspannen Sie sich während des Mischens weiter, nehmen Sie energetisch und gedanklich Kontakt mit den Karten auf.

• Denken Sie in ruhiger Form an das von Ihnen ausgesuchte Thema, schildern Sie in Gedanken Ihre Situation und die Ihnen bekannten Hintergründe. Erzählen Sie, wie es Ihnen geht und in welcher Gemütslage Sie sich befinden. Bitten Sie die Karten, Ihnen zu mehr Klarheit in der befragten Angelegenheit zu verhelfen.

• Wenn Sie der Meinung sind, lange genug gemischt zu haben und Ihre Stimmung Ihrem Vorhaben entspricht, breiten Sie die gemischten Karten in einem Fächer vor sich aus. Das Thema Ihrer Befragung sollten Sie jetzt, soweit möglich, aus Ihren Gedanken entlassen. Es ist völlig unnötig, ja sogar störend, wenn Sie sich während des Ziehens weiterhin auf Ihre Frage konzentrieren.

• Die Empfehlung lautet, Karten aus rituellen Gründen mit der linken Hand zu ziehen, was auch für Linkshänder gilt. Das physische Herz trägt jeder Mensch in der linken Körperhälfte. Sie können Ihre Auswahl durch Darüberstreichen der Hand treffen, Sie können auch mit den Augen über den Kartenfächer hin- und hergleiten.

• Warten Sie, bis die entsprechende Karte Sie anzieht, Sie sozusagen ruft. Die Art, wie jeder Einzelne dieses Rufen wahrnimmt, ist völlig unterschiedlich. Es ist unsere innere Stimme, unsere Intuition, die uns mitteilt, welche Karte wir gerade jetzt zu diesem Thema benötigen.

• Ziehen Sie die erforderliche Anzahl Karten und legen Sie diese verdeckt, also mit dem Gesicht nach unten vor sich hin. Machen Sie aus den übrigen Karten wieder ein Päckchen.

• Nehmen Sie die gezogenen Karten wieder an sich und mischen Sie diese erneut, bis es genug ist – das spüren Sie.

• Legen Sie jetzt eine Karte nach der anderen auf die Position, die ihr innerhalb des Legesystems entspricht.

• Beschäftigen Sie sich mit jeder Karte zuerst gesondert. Lassen Sie die Karte auf sich und Ihre Empfindungen einwirken und somit Ihre Intuition zu Wort kommen, *bevor* Sie mit der intellektuellen Deutung beginnen. Untersuchen Sie die Karte auf ihre Farbgebung und Symbolik. Erinnern Sie sich, was Sie bislang von der einzelnen Karte wissen. Lesen Sie *erst dann* die Deutung nach.

• Stellen Sie den Bezug her zu der Position, auf der Ihre gezogenen Karten liegen und zum angefragten Thema. Die gesamte Deutung einer Kartenauslage kann sich verändern, wenn die selbe Karte auf einer anderen Position im verwendeten Legesystem liegt! Genau deshalb ist das erneute Mischen nach dem Ziehen der Karten anzuraten. Beim zweiten Mischen legen Sie die Positionen fest, auf welchen Ihre gezogenen Karten zu liegen kommen werden. Das erste Mischen stellt lediglich den Energiefluss zwischen Ihnen und den Karten her. Jede ausliegende Karte muss unter dieser Voraussetzung gedeutet werden: Was war meine Frage an Tarot; auf welcher Position liegt die Karte; was bedeutet die Karte in Bezug zu meinem angefragten Thema? Jede Karte bewegt sich in einem Spannungsverhältnis zwischen Licht und Schatten. Auch eine Karte, die uns scheinbar negativ erscheint, hat ihr Gutes, ebenso können auf den ersten Blick positive Karten ihre Tücken haben. Finden Sie heraus, wie die einzelnen Karten auf Sie wirken und bringen Sie dies in Bezug zu Ihrem Thema. Unser Ziel sollte es immer sein, beide Pole einer Karte zu transformieren, weil sich in der Folge in uns selbst etwas transformiert. Deshalb werden wir durch die Beschäftigung mit dem Tarot toleranter.

• Stellen Sie den Zusammenhang zwischen den Aussagen der einzelnen Karten her, soweit möglich. Mit zunehmender Erfahrung werden Sie immer besser lernen, die entsprechenden Verknüpfungen (Korrespondenzen) zu erkennen.

• Schreiben Sie sich Ihre Auslagen auf und überprüfen sie diese in der Zukunft immer wieder einmal. Viele Aussagen werden uns erst später klar verständlich, wenn sich die befragten Angelegenheiten dann tatsächlich in unsere Gegenwart hinein manifestiert haben. Wenn wir Kartenauslage und konkretes Geschehen miteinander in Bezug bringen, können wir die so gesammelten Erfahrungen bei zukünftigen Deutungen gut gebrauchen.

DIE GROSSEN ARKANEN

Die 22 Großen Arkanen sind das Herzstück des Tarot. Ihr historischer Ursprung kann weder zeitlich noch räumlich festgelegt werden. Doch aus spiritueller Perspektive heraus ist die Geschichte des Tarot letztlich sehr einfach nachzuvollziehen: Schon immer war es üblich, dass sich zu bestimmten Anlässen die Menschen versammelten und aktuelle Themen öffentlich zum Ausdruck brachten. Ähnlich wie der Karneval unserer Tage, der den gleichen Motiven entspringt, fanden solche Spektakel häufig als Umzüge statt. Im Italien des späten Mittelalters, wohin der Ursprung des Tarot gerne verlegt wird, hießen diese Umzüge Trionfi, was allgemein mit Trümpfe übersetzt wird, doch auch (Triumph-)Umzüge heißt. Im Blickpunkt der allgemeinen Aufmerksamkeit standen damals wie heute stets die gleichen Themen: Die Herrscher aus Wirtschaft, Religion und Gesellschaft, oder auch der einsiedlerische Sonderling, der Heiler und der Zauberer. Auch menschliche Gemützustände und Entwicklungsphasen wie Liebe, die Auseinandersetzung mit dem Tod und natürlich die Sterne, Sonne und Mond waren zu allen Zeiten gleichermaßen aktuell. Diese Themen sind allgemeingültig und zeitlos – wir finden sie in den Bildern der Großen Arkanen des Tarot.

In der Renaissance ließen sich jene, die es sich leisten konnten, diese Themen dann als Kupferstiche oder Malereien anfertigen, um sie zu besitzen – und sprachen zugleich für die Allgemeinheit das Verbot aus, dieses Vorrecht ebenfalls zu beanspruchen. Man weiß nicht, ob es den Herrschenden jener Zeiten bewusst oder eher unbewusst war, welch gewaltige Energie in diesen allgemeingültigen Bildern gebunden ist. Doch selbstredend wurde mit dem verhängten Verbot genau das bewirkt, was man ursprünglich hatte verhindern wollen: Die flächenbrandartige Verbreitung der Bilder über Europa. Als 1452 der Buchdruck erfunden wurde, war der Erwerb der Bilder als Karten, Tarocchi, für jedermann möglich und somit auch historisch manifestiert.

Die Großen Arkanen des Tarot entspringen dem kollektiven Unbewussten der Menschheit. Also sind sie energetisch schon immer existent. Es handelt sich bei den Großen Arkanen um für jeden einzelnen Menschen geltende Bewusstwerdungsstufen, die bildlich zum Ausdruck gebracht werden. Gleichgültig, ob man die Ebene der angezeigten Entwicklungsschritte nun alltäglich profan, psychologisch oder auch magisch ansetzt, jeder Mensch muss diese Stufen früher oder später bewältigen, wenn er sich entwickeln will. Sie sind in ihrer Reihenfolge allgemeingültig. Wir alle haben die im Großen Arkanum aufgezeigten Stufen der Bewusstwerdung stets von Neuem zu beschreiten – wie die Stufen in den unterschiedlichen Stockwerken eines Gebäudes, dessen Dach sich in den Wolken verbirgt. Die Zeiten ändern sich, das Erwach(s)en (Werden) jedoch nicht.

Die einstelligen Großen Arkanen zeigen uns, wie wir ein starkes Ich entwickeln, um unser irdisches Überleben zu sichern. Durch unsere Ich-Findung treten wir aus dem Schatten unserer Vorfahren heraus und werden so dem Wandel der Zeit gerecht. Die einstelligen Arkanen lehren uns, wie wir unsere natürlichen menschlichen Kräfte eigenverantwortlich nützen, um unser Leben auf diesem Planeten sinnvoll, kreativ und schöpferisch zu gestalten. Mit Arkanum X, *Glück* oder *Rad des Lebens*, wendet sich das Blatt, und die Prioritäten verlagern sich vom Ich zum Selbst. Die zweistelligen Arkanen von X bis XVIII zeigen an, wie wir als Teil des Ganzen unser Wesen entfalten und unsere Bestimmung erfüllen können.

Die letzten drei zweistelligen Arkanen XIX, XX und XXI signalisieren uns jeweils das Ziel einer Etappe. Kein Mensch hat als Lebensaufgabe lediglich mit Zielsetzungen zu tun, weshalb sich diese Karten, also *Die Sonne, Der Aeon,* und *Das Universum*, als Lebens- und Jahreskarten in der praktischen Arbeit als ungeeignet herausgestellt haben. *Der Narr*, Karte 0, verbindet jeweils zwei Stockwerke. (Sie können sich das durchaus bildlich vorstellen!) Diese Karte zeigt uns also zugleich den Abschluss eines Kapitels, wie auch den Beginn einer erneuten Heldenreise auf einer höheren Ebene als zuvor an. Deshalb ist es müßig, den exakten Standort *Des Narren* fixieren zu wollen – lassen wir ihn doch seinem Naturell entsprechend den Luftikus ausleben! Als errechenbare Karte ist er selbstredend ebenfalls ungeeignet.

Die Großen Arkanen, die für den Einsteiger an der grauen Unterschrift »Trümpfe« zu erkennen sind, zeigen in den Auslagen immer die *Lektionen* an, die für den Frager anstehen. Sie lassen uns erkennen, *warum* wir uns überhaupt in unserer befragten Situation befinden. Sie sind im Gegensatz zu den kleinen Arkanen keinem Element zugeordnet, sondern, wie oben ausgeführt, allgemeingültig.

ERRECHENBARE KARTEN

Die Praxis, Große Arkanen aus bestimmten Daten zu errechnen, beruht auf den Gemeinsamkeiten von Tarot und Numerologie. Anfänger wie auch Fortgeschrittene können über errechnete Karten ihr Wissen kontinuierlich erweitern und die Großen Arkanen immer mehr in ihrer ganzen Lebendigkeit erfassen. Von der Vielfalt an Möglichkeiten, Zahlen für Große Arkanen aufgrund der Geburtsdaten eines Menschen zu erhalten, sollen hier die beiden gängigsten vorgestellt werden, das Errechnen von Lebens- und Jahreskarten.

1. Die Lebenskarte

Die Lebenskarte sagt uns etwas über die Grundeigenschaften und die Berufung eines Menschen. Wenn Sie sich von München aus nach New York auf die Reise begeben und während Ihrer Umwege, Abwege und Irrwege immer wieder auf einen Wegweiser stoßen, auf welchem sich ein Pfeil mit dem Hinweis »New York« befindet, dann wäre dieser Pfeil eine Analogie zur Lebenskarte, die uns die Richtung weisen will, wie wir mit unseren persönlichen Mitteln ans Ziel gelangen können und mit welchen Herausforderungen wir dabei zu rechnen haben. Die Lebenskarte versinnbildlicht den Ruf unserer Seele und gibt uns eine Orientierung, wie wir diesem folgen können. Sie sollten die Kenntnis Ihrer Lebenskarte in die Lösung Ihrer Wachstumsaufgaben mit einbeziehen, denn hinter Ihren alltäglichen Lektionen, sozusagen hinter dem Schleier der greifbaren Realität, steht die Integration Ihrer Lebenskarte als Orientierung bereit, um Ihnen zu helfen, sich selbst zu finden. Die Lebenskarte kann Ihnen wertvolle Ratschläge erteilen, um zu Ihrer Ganzheitlichkeit zu gelangen. Natürlich ist die Kenntnis der Lebenskarten anderer Personen eine wichtige Brücke hin zu mehr Toleranz gegenüber unseren Mitmenschen.

Sie errechnen die Lebenskarte durch das Bilden der Quersumme des Geburtsdatums. Die erhaltene Quersumme reduzieren Sie durch erneute Quersummenbildung immer weiter herunter, bis Sie eine einstellige Ziffer erhalten. Diese errechnete Ziffer entspricht dem Großen Arkanum mit der gleichen Nummerierung und ist Ihre einstellige Lebenskarte. Wichtig: Beenden Sie das Errechnen der Quersumme nicht bereits im Bereich der zweistelligen Großen Arkanen, sondern bilden Sie so lange immer wieder die Quersumme, bis Sie bei einer *einstelligen* Ziffer angelangt sind.

BEISPIEL: *Herr Schuster ist geboren am 26.03.1961. Wir zählen jetzt jede Ziffer seines Geburtsdatums zusammen, also 2 + 6 + 0 + 3 + 1 + 9 + 6 + 1 und erhalten die Zahl 28. Diese reduzieren wir erneut, indem wir 2 + 8 addieren und die Summe 10 erhalten. Wir reduzieren die Zahl 10 noch* *einmal, um eine einstellige Ziffer zu erhalten, also 10 = 1 + 0 = 1. Sie könnten ebenso gut 26 + 3 + 1961 rechnen und die erhaltene Summe 1990 erneut zusammenzählen, sodass Sie die Zahl 19 erhalten. Aus 19 bilden Sie erneut die Quersumme: 1 + 9 = 10, was als einstellige Quersumme dann ebenfalls 1 ergibt. Das einstellige Ergebnis ist bei den unterschiedlichen Methoden, die Quersumme des Geburtstages auszurechnen, immer dasselbe, in unserem Beispiel 1. Herrn Schusters Lebenskarte ist also Arkanum I, Der Magus. Mit dessen Stärken und Schwächen, mit den positiven wie negativen Eigenschaften und Wesenszügen wird sich Herr Schuster lebenslang immer wieder befassen dürfen.*

Jeder Mensch hat im Großen Arkanum des Tarot zwei Lebenskarten, nämlich eine einstellige und eine entsprechende zweistellige, die auch als Wesenskarte bezeichnet werden kann. Die Energien der beiden Karten stehen miteinander in enger Beziehung und ergänzen sich gegenseitig. Die einstellige Lebenskarte ist von Natur aus für unser Tagesbewusstsein erheblich leichter zu erfassen als die zugehörige zweistellige. Diese steht für unsere eher unbewusste Lernaufgabe. Erst wenn man sich im Verlauf seines Lebensweges ausreichend mit der Lektion der einstelligen Karte auseinandergesetzt hat, ist man bereit, sich intensiv mit der Energie der zweistelligen Wesenskarte zu befassen.

Hier die einfachste Methode, um aus einem einstelligen Großen Arkanum sofort das entsprechende zweistellige abzuleiten: Addieren Sie zu der einstelligen Zahl die 9 hinzu. Die Methode ist so einfach, dass sie fast schon genial ist, und klappt deswegen, weil in unserem Zahlensystem mit der 9 die einstelligen Ziffern enden.

BEISPIEL: *Frau Lang hat Trumpf VII, Der Wagen, als Lebenskarte. Sie addieren zu 7 wie angeführt 9 hinzu und erhalten 16. Somit ist die entsprechende zweistellige Wesenskarte von Frau Lang Der Turm, Arkanum XVI (Umkehrschluss: 16 = 1 + 6 = 7). Bei Herrn Kurz läuft Trumpf III, Die Kaiserin. 3 plus 9 ist 12, also ist Arkanum XII, Der Gehängte, seine Wesenskarte (Umkehrschluss: 12 = 1 + 2 = 3).*

2. Die Jahreskarte

Die Jahreskarte drückt die Lernaufgabe während eines laufenden Lebensjahres aus und auch, wie wir diese Aufgabe lösen können. Sie beginnt mit unserem alljährlichen Geburtstag und wechselt am folgenden Geburtstag zur nächsthöheren Jahreskarte. Viele unterschiedliche Begebenheiten unseres Lebens, deren gemeinsamen Nenner wir nicht so ohne weiteres erkennen konnten, sind durch die Kenntnis der momentan laufenden Jahreskarte unter einem gemeinsamen Blickwinkel weit besser nachvollziehbar. Die Jahreskarte erhalten Sie durch Errechnen der Quersumme von Tag und Monat der Geburt plus das laufende Jahr.

BEISPIEL: Wir schreiben heute den 01.07.2001. Herr Freitag ist geboren am 11.03.1966. Wir zählen nun Tag und Monat seiner Geburtsdaten, 11 + 3, und das Jahr seiner letzten Geburtstagsfeier, 2001, zusammen. 1 + 1 + 3 + 2 + 0 + 0 + 1, was 8 ergibt – Arkanum VIII, Ausgleichung. Mit Kenntnis seiner Jahreskarte kann Herr Freitag jetzt einiges über die Grundlektion seines momentanen Lebensjahres erfahren, das vom 11.03.2001 bis zum 11.03.2002 andauert. Außerdem läuft hintergründig die zweistellige Jahreskarte von Herrn Freitag, Der Stern, der sich ergibt, wenn man zu 8 die 9 hinzuzählt. VIII + 9 = XVII (17). Der Rechenweg ist derselbe wie bei der Lebenskarte auch.

*ZWEITES BEISPIEL: Frau Sonntag hat Geburtstag am 13.12.1969. Wir schreiben immer noch den 01.07.2001. Sie hatte dieses Kalenderjahr noch nicht Geburtstag. Als Dezembergeborene hat sie ihren Geburtstag in 2001 noch vor sich und ihre Jahreskarte wird erst dann wechseln. Also zählen wir Tag und Monat ihres Geburtsdatums (13 + 12) mit der Jahreszahl 2000 zusammen, was dem Jahr ihrer letzten Geburtstagsfeier entspricht, um die benötigte Quersumme zu erhalten: 1 + 3 + 1 + 2 + 2 + 0 + 0 + 0 (die Nullen können Sie natürlich weglassen, denn diese sind bedeutungslos). Beachten Sie, dass Jahreskarten **nicht** an Silvester wechseln, sondern an unserem Geburtstag, weil mit diesem unsere individuellen Lebensjahre beginnen und nicht an Neujahr! Wir erhalten für Frau Sonntag die Quersumme 9, was bedeutet, dass Der Eremit, Arkanum IX, derzeit gültig ist. Zusätzlich ergibt sich Arkanum XVIII, Der Mond, für sie als zweistellige Jahreskarte (9 + 9 = 18).*

0 DER NARR

KURZFORMEL: Ich bin bereit
für neue Gelegenheiten

Das Ziehen *Des Narren* sagt uns, dass sich unsere befragte Angelegenheit nicht im geringsten vorauskalkulieren lässt. Mit Planungen, strategischem Vorgehen oder unseren gewohnten intellektuellen Überlegungen hat diese Karte nichts zu tun, denn *Der Narr* ist unberechenbar. Die Botschaft, die er uns zuruft, lautet: Überraschung!

Die Spirale symbolisiert die unterschiedlichen Bereiche und Ebenen eines umfassenden Neubeginns. Vieles wird in Bewegung geraten, wenn wir uns auf die überraschenden Gelegenheiten einlassen, die uns bald angeboten werden. Wenn Sie einen Stein ins Wasser werfen und die Wellen beobachten, die sich kreisförmig immer weiter ausbreiten, ist dies die Spirale, die dem Herzen *Des Narren* entspringt. Unser Neuland wird all unsere Lebensbereiche berühren und Auswirkungen weit über unsere Frage hinaus haben.

Der Narr ist von luftiger Natur, sein Charakter ist flüchtig und schnell. Deshalb erscheint die vom *Narren* angezeigte Situation stets plötzlich und unerwartet in unserer Welt. Die von der Karte angekündigte Überraschung wird uns durch entschlossenes, spontanes und effektives Handeln den größten Nutzen bringen. Bedenkzeit für lange Überlegungen werden wir mit Sicherheit keine erhalten. Allzu schnell könnte die große, meist einmalige und unwiederbringliche Chance, die das Erscheinen *Des Narren* anzeigt, durch überflüssiges Zögern und Zaudern verpasst werden. Die angespannte Haltung eines Sprinters vor dem Startschuss ist die optimale Einstellung, um das Eintreffen *Des Narren* zu erwarten. Unsere Erfahrungswerte, die sehr oft von großem Vorteil für uns sind, werden uns ausnahmsweise nur wenig nützen können. Unsere Stärke liegt statt dessen in unserer Spontaneität und Kreativität. Wir sind bereit für neue Gelegenheiten und diese werden sich uns auch eröffnen. Doch werden wir lernen müssen, in bisher ungewohnter Form mit diesen Gelegenheiten umzugehen, um zum Erfolg zu kommen. Der Tiger, der *Den Narren* ins Bein zwickt, symbolisiert unsere animalischen, instinktiven Kräfte, die uns warnen werden, wenn bei unserer angefragten Angelegenheit etwas faul wäre. Diese Achtsamkeit ist auch durchaus angebracht, denn ob wir unsere Überraschung als positiv oder negativ einstufen werden, bleibt abzuwarten – spannend werden die auf uns zukommenden Zeiten allemal!

ICH: Mit Konventionen und Gewohnheiten solltest Du mir jetzt besser vom Hals bleiben – ich will zur Abwechslung mal etwas Neues probieren.

DU: Möglich, dass ich mich zurzeit etwas leichtfertig verhalte, doch mich reizt gerade das Abenteuer, und Abhängigkeiten sind Gift für mich.

I DER MAGUS (DER MAGIER)

KURZFORMEL: Ich ergreife jetzt die Initiative und verhalte mich dabei taktisch klug

Durch diese Karte werden wir darauf hingewiesen, dass wir die weitere Entwicklung unserer Sache selbst in der Hand haben und höhere, geistige Unterstützung erhalten, was uns jedoch nicht dazu verleiten darf, uns zum Trickser oder Gaukler herabzuwürdigen. Merkur/Hermes, der

Götterbote, den wir auf der Karte sehen, ist der Gott der Kaufleute, doch auch der Diebe.

Er jongliert mit den vier Elementen, was uns dazu auffordert, unsere befragte Angelegenheit mit der spielerischen Konzentration eines Jongleurs zu handhaben. *Der Magus* kündigt an: Wenn wir uns geschickt und taktisch klug verhalten, werden wir unser Ziel erreichen. Wir haben es selbst in der Hand, dass sich der Wunsch, nach dem wir Tarot befragt haben, erfüllen wird.

Des Magiers Tanz auf dem Seil ist Ausdruck der Gratwanderung zwischen Manipulation und göttlicher Führung. Ein wenig Strategie, Taktik und auch Finesse kann nicht von Nachteil sein, wenn wir unser gestecktes Ziel erreichen wollen. Ähnlich wie bei einer Schachpartie sollten wir einen Zug weiter vorausdenken als unser Gegenüber (gezieltes Einsetzen der Elemente, mit denen *Der Magus* jongliert). Doch wenn wir unsere Macht missbrauchen sollten, ist unser Absturz vorprogrammiert.

Wir sind zur aktiven Teilnahme an unserer befragten Sache aufgefordert und sollten jetzt die notwendigen Schritte unternehmen und unseren Wünschen mutig entgegen gehen. Beim Ziehen *Des Magus* sind aktiver Einsatz und Initiative gefragt. Vielleicht fällt Ihnen ein Ritual ein, mit dem Sie Ihrem Wunsch den nötigen Nachdruck verleihen könnten und so auf feinstofflicher Ebene der Weg geebnet wird. *Der Magus* ist eine Aufforderung zur Kommunikation, womit Gespräche ebenso gemeint sein können wie eine Annonce, ein Brief oder sonstige Formen des Gedankenaustausches. Gehen Sie auf Ihre Angelegenheit oder die betreffenden Personen aktiv zu und treten Sie in Dialog. Zeigen Sie sich! Wenden Sie sich gegebenenfalls an einflussreiche Personen und bitten Sie diese um Unterstützung in Ihrer Sache. Setzen Sie Ihre Originalität ein! Verhalten Sie sich schlau und geschickt, ohne sich jedoch untreu zu werden und unlautere Mittel anzuwenden.

ICH: Ich werde mich auf keinen Fall zu Hause verkriechen, sondern lieber unter die Leute gehen und das Spiel des Lebens spielen.

DU: Ich suche Herausforderungen, an denen ich wachsen kann und die mich weiter bringen. Ich will meine Kraft ausleben.

II DIE HOHEPRIESTERIN

KURZFORMEL: Ich lasse die Dinge geschehen, weil ich weiß, dass alles zur rechten Zeit kommt

Im Lebensrhythmus, der stets zwischen Tun und Lassen hin und her pendelt, zeigt uns *Die Hohepriesterin* die Phasen des Lassens an. Informationen und Hintergründe zu unserer Sache werden wir nicht durch erhöhte Anstrengungen erhalten, sondern erst dann, wenn es aus übergeordneter Sicht an der Zeit für uns sein wird. Unsere Angelegenheit hält sich derzeit noch weitestgehend bedeckt.

Die Mondgöttin Isis macht uns auf die intuitive Seite in uns aufmerksam, auf Geheimnisse, die wir nur erahnen, jedoch nicht greifen können. Der Mond verhält sich flüchtig, er erlaubt uns keine rationale Konstante. Er vollzieht seine vorgegebenen Zyklen und zeigt uns die höheren, übergeordneten Rhythmen an, denen wir uns anzupassen haben, weil wir sie nicht durchbrechen können. Auch weiterhin vertrauensvoll und ausdauernd zu bleiben, ist der sicherste Weg zum Ziel.

Durch konkrete Handlungen können wir momentan nichts in Bewegung bringen. Wir sollten lediglich unserer Intuition, unseren Ahnungen folgen und unsere Angelegenheit dabei nicht aus den Augen verlieren, bis wir Hinweise erhalten, wann und wie wir wieder aktiv werden dürfen. Nichts ist verloren bei unserem Vorhaben, doch liegt das gewünschte Ergebnis hinter einem Schleier verborgen und wird noch auf sich warten lassen. Das Geheimnis wird sich erst offenbaren, wenn die Zeit gekommen ist und wir die erforderliche Reife entwickelt haben. Wenn unsere Frage im Zusammenhang mit Personen gestellt wurde, müssen diese im Augenblick selbst noch ihren anstehenden Entwicklungsschritt vollziehen. Die Aufgabe, vor die uns die Karte stellt, lautet, geduldig zu sein und Verständnis aufzubringen. Stets kündigt uns Arkanum II Heilung an, sei dies im emotionalen Bereich, aber auch in gesundheitlichen Belangen. Oft befinden wir uns beim Ziehen der Karte auf einer Durststrecke, einem dornigen Weg mit schweren Strapazen, doch sagt uns *Die Hohepriesterin*, dass wir der richtigen Orientierung folgen. Erst in der mittel- bis langfristigen Zukunft werden wir die Früchte für unsere Mühen erhalten.

Wir mögen unser Schicksal derzeit vielleicht als launenhaft empfinden, doch liegt dies ausschließlich daran, dass wir momentan keine direkten Einflussmöglichkeiten auf unsere Sache haben und diese nicht selbst steuern können. Auch wenn uns die entsprechenden Ursachen nicht offensichtlich sein sollten, gibt es tiefere Hintergründe für unsere Wartezeit. Häufig werden im Zusammenhang mit unserer Angelegenheit gerade Beratungsgespräche geführt oder Kontakte und Verknüpfungen hergestellt, über die wir jedoch keine Kenntnis besitzen. Stärken Sie das Vertrauen in die Führung Ihres Höheren Selbst.

ICH: Ich sollte mich besser bedeckt halten. Um mich aus der Reserve zu locken, muss man sich etwas ganz Besonderes einfallen lassen.

DU: Deine Unentschlossenheit könnte ich leicht mit Launenhaftigkeit verwechseln. Doch ich glaube, das ist mir die Sache wert und ich lasse meine Geduld noch eine Weile auf die Probe stellen.

III DIE KAISERIN

KURZFORMEL: In meinem Leben
herrscht Wachstum und Fülle

Die Analogie *Der Kaiserin* geht von Ihrer Mutter (konkret oder im über-
tragenen Sinne) bis zur Mutter Natur. Sie repräsentiert die vier weiblichen
Mysterien: Formung, Bewahrung, Nährung und Wandlung (Geburt). So wie *Die
Kaiserin* positiv für Lebensfülle, Naturverbundenheit, Ästhetik und Mitgefühl
steht, verkörpert sie negativ ausgelebt den dunklen, verschlingenden Aspekt
der Weiblichkeit, das ewige Festhalten und das Nicht-loslassen-Wollen. Was
will im Zusammenhang mit unserer Frage gerade geboren werden? Doch auch:
Wo halten wir krampfhaft fest und verweigern die Geburt von etwas Neuem?

Als Kleinkinder mussten wir uns bestimmte Verhaltensmuster aneig-
nen, um versorgt zu werden, um kundzutun, dass wir Aufmerksamkeit
und Zuwendung wollen. Oftmals greifen wir auf diese seinerzeit über-
lebensnotwendigen Verhaltensmuster auch als Erwachsene immer wieder zurück. Man spricht dann von Prägungen; im Zuge von Arkanum III
sind dies Mutterprägungen, die wir jedoch inzwischen nicht mehr brauchen, aus dem einfachen Grund, weil wir keine Kleinkinder mehr sind. *Die
Kaiserin* rät uns zu hinterfragen, inwieweit wir auch in der Gegenwart
noch auf dieselbe Art versuchen, Aufmerksamkeit und Energie zu erlan-
gen, wie wir es seinerzeit bei unserer Mutter oder unseren Mutterfiguren
angestellt haben. Wo »bemuttern« und beglucken wir jemanden oder etwas zu sehr? Erdrücken wir die Person(en), die wir lieben, mit unserer
Liebe? Wen oder was halten wir zu sehr fest, auch wenn wir es vermeintlich gut meinen? Geben wir unserem Umfeld die Freiheit, die es benötigt?

Schwangerschaft lautet ein weiteres Stichwort. Die Angelegenheit, nach welcher sich die Fragestellerin erkundigt, reift gerade heran, die »Luft ist geschwängert« und die Geburt, die Materialisierung unserer Sache steht kurz bevor. Die Karte fordert uns häufig auf, im Moment das Leben so zu genießen (Venus), wie es sich uns darbietet. Gönnen Sie sich etwas Gutes. Pflegen Sie Ihre Sinnlichkeit, gehen Sie in die Natur, tun Sie etwas für Ihr Wohlbefinden. *Die Kaiserin* steht in jedem Falle für natürliches Wachstum und die Zeit der Reife. Überbrücken Sie Ihre Wartezeit mit den schönen Dingen des Lebens – wenn Sie laufend an Ihr erhofftes Ergebnis denken, wird dieses auch nicht schneller zu Ihnen kommen.

ICH: Ich möchte mich anlehnen und sicher fühlen können, ohne gleich irgendwelche Erwartungen erfüllen zu müssen.
DU: Lange Vorspiele erhöhen meine Sinnlichkeit. Das Genießen ist mir wichtiger als Aktionen.

IV DER KAISER

KURZFORMEL: Ich erweitere meinen Einflussbereich, indem ich dem Ganzen diene

Stets geht es beim Ziehen *Des Kaisers* um neue Gebiete, in die wir jetzt vorstoßen dürfen. Wir können unseren Einflussbereich vergrößern und greifbare Ergebnisse erzielen. Doch sollten wir uns dabei keinesfalls ausschließlich auf unsere materiellen Belange konzentrieren.

Machtmissbrauch und als Konsequenz hiervon die Gefahr der Kontrolle und Erstarrung liegt mehr oder weniger spürbar in der Luft. Wir sollten unser gesetztes Ziel keinesfalls mit Rücksichtslosigkeit und Härte verfolgen. In befragten Liebesangelegenheiten beispielsweise darf es jetzt nicht darum gehen, wer denn nun der/die Stärkere ist. Allzu ehrgeiziges Verhalten (Ehr – Geiz), bei dem der Egoismus den Sieg über die Liebe davonträgt, könnte schnell in Machtkampf und Streit umschlagen.

Dies bedeutet, dass Weitsicht, Wohlwollen und Großmut unser weiteres Vorgehen bestimmen sollten. Die Ausstrahlung von natürlicher Autorität ist der Schlüssel, der zum Sieg führen wird. »Der Kaiser sollte immer der oberste Diener seines Volkes sein« ist ein Schlüsselsatz, um den größtmöglichen Nutzen aus der Botschaft dieser Karte zu ziehen. Wenn wir bei unserer Eroberung des anstehenden Neulandes das Wohl des Ganzen nicht außer Acht lassen, werden wir unseren Tatendrang ausleben und in Aktion geraten dürfen.

Oft liegt als Deutung unser leiblicher Vater, Vaterfiguren oder auch die väterliche Rolle in uns selbst nahe. Frauen, die diese Karte bei Liebesangelegenheiten ziehen, sollten hinterfragen, wo sie im Kontakt mit Partnern unbewusst das Leitbild des Vaters als Maßstab ansetzen. In diesem Falle soll der Partner der Vaterrolle entweder entsprechen (Hemmung) und diesem ähneln oder aber das Gegenteil des Vaters repräsentieren (Kompensation). Männer sollten nicht nur in der Partnerschaft, sondern auch in allen anderen Bereichen selbstkritisch prüfen, inwieweit sie sich vom psychologischen wie auch energetischen Einfluss des Vaters gelöst und diesen systemisch integriert haben.

Die Analogie der Karte reicht von IhremVater bis zu Vater Staat – wir könnten mit dem Gesetz in Berührung kommen. In jedem Falle werden wir mit starren inneren und/oder äußeren Strukturen konfrontiert, die es jetzt aufzulösen und zu überwinden gilt. *Der Kaiser* kann in der Auslage einen Vorgesetzten oder sonstige Autoritätspersonen symbolisieren, die ja ebenfalls in Analogie zum Vaterbild stehen. Jemand, der in direktem oder übertragenem Sinne eine Uniform trägt oder zu Schubladendenken neigt, und selbstverständlich auch unsere eigene »Uniform« und unsere starren Denkmuster können angesprochen sein.

In unserer befragten Angelegenheit sollten wir jetzt aktiv werden. Unser Vorgehen sollte dabei diszipliniert und konsequent, doch keinesfalls verbissen sein. Wir sind aufgefordert, in größeren Zusammenhängen zu denken und unsere Ziele wohlwollend, im Sinne des Ganzen durchzusetzen. Verlieren Sie sich nicht im Detail, übersehen Sie den Wald vor lauter Bäumen nicht, lassen Sie sich nicht auf Machtspielchen ein. In geschäftlichen Angelegenheiten sollten wir beachten, dass bei einem guten Geschäft alle Beteiligten zufrieden sind (win-win-Situation).

ICH: Wenn Du glaubst, ich würde mir irgendetwas vorschreiben lassen, hast Du Dich gewaltig getäuscht. Das Leben will erobert werden und heute wird morgen bereits gestern sein.

DU: Ich werde mich auf meinem Weg auf keinen Fall von übertriebenen Gefühlen beirren lassen. Ich werde mein Vorhaben mit Entschlossenheit und Willenskraft voranbringen.

V DER HIEROPHANT
(DER HOHEPRIESTER)
KURZFORMEL: Ich bin meiner Wahrheit treu

Der Hierophant fordert uns auf, unsere momentane Perspektive zu erweitern und unsere Angelegenheit aus einer höheren Position, aus der Vogelperspektive heraus zu betrachten. Um dies zu erreichen, sollten wir uns zusätzliche Hintergrundinformationen zu unserer Sache beschaffen und diese in unsere Überlegungen mit einbeziehen. Durch das Erfassen der Essenz unserer Angelegenheit wird Heilung ermöglicht.

Ihre Situation sollte in jedem Fall dazu dienen, Ihnen zu mehr Gelassenheit und Reife zu verhelfen. Möglich, dass Sie gerade unnötigen Ballast über Bord werfen müssen, doch bleibt die Essenz Ihrer Sache bestehen. Die Karte kann als Arzt, Therapeut, Heiler oder auch als Therapie, Kur oder Krankenhaus in konkretem oder übertragenem Sinne auftreten. Auch ein übergeordneter Vorgesetzter, etwa der Personalchef, kann gemeint sein; der innere Heiler, der weiß, was für unsere Gesundung auf allen Ebenen angesagt ist, ist ebenfalls möglich.

Lernen und Lehren ist ein Stichwort zu Arkanum V. Bei Auslagen, die mit Kindern zu tun haben, könnte *Der Hierophant* den Lehrer symbolisieren. Die Schule, Universität, Kurse oder unsere Fortbildung ganz allgemein kann angesprochen sein. Wir sind einerseits dazu aufgefordert, etwas dazuzulernen, andererseits dürfen wir unsere umgesetzten Erfahrungen aber auch an andere weitergeben. Gehen Sie mit den Menschen Ihrer Umgebung in Dialog. Erläutern Sie Ihre Wahrheit und achten Sie aufmerksam auf Botschaften, die Sie empfangen. Hören Sie insbesondere auf das, was zwischen den Zeilen gesprochen wird.

Suchen Sie sich, wenn dies für Sie und Ihre Lebensumstände sinnvoll ist, einen kompetenten Ratgeber oder beraten Sie sich mit Personen Ihres Vertrauens. *Der Hierophant* vermittelt uns die Wahrheit unserer Sache. Diese Wahrheit sollte unbedingt ohne Urteil und wertungsfrei sein, auch wenn sie uns vielleicht nicht auf Anhieb schmeckt. Handeln Sie keinesfalls entgegen Ihren Grundsätzen. Bleiben Sie bei der Sache und verzetteln Sie sich nicht unnötig.

Tun Sie nach Möglichkeit etwas für Ihre spirituelle Weiterentwicklung. *Der Hierophant* bringt das Licht zur Erde, was eine Aufforderung zur Meditation oder einer ähnlichen Technik sein kann, die Ihr Bewusstsein erweitert. Beziehen Sie in Ihre Handlungen Ihre moralischen Vorstellungen und Werte konsequent mit ein. Diese Werte müssen nicht unbedingt mit den Vorstellungen Ihrer Umgebung übereinstimmen, doch was gerade zählt, sind Ihre eigenen inneren und äußeren Werte und nur diese.

Möglich, dass Sie jemandem schmerzhafte Wahrheiten ins Gesicht sagen müssen. Doch etwaige Schuldgefühle sollten Sie nicht daran hindern, die Dinge jetzt beim Namen zu nennen.

Bleiben Sie auf keinen Fall in theoretischen Vorsätzen stecken. Setzen Sie Ihre neuen Erkenntnisse sobald als möglich in die Tat um. Die Gefahr beim Ziehen *Des Hierophanten* lautet, dass wir reden, anstatt zu handeln (maskierte Gesichter in den vier Ecken). Auf die Theorie muss zwingend die Praxis folgen. Das jetzt Erlernte werden Sie in der Zukunft noch benötigen und großen Nutzen daraus ziehen können.

ICH: Ich versuche in aller Ehrlichkeit herauszufinden, was ich tatsächlich von Dir will. Es würde uns weiterbringen, wenn Du Dir hierzu ebenfalls Gedanken machen würdest.

DU: Wie wäre es, wenn wir nicht immer nur um den heißen Brei schleichen, sondern statt dessen endlich zur Sache kommen würden?

VI DIE LIEBENDEN
KURZFORMEL: Ich entscheide mich
aus meinem Herzen heraus

Beim Ziehen von Trumpf VI sehen wir uns immer vor Entscheidungen gestellt, die entsprechende Folgen mit sich bringen werden. Wir haben die Wahl zwischen dem alten, gewohnten, sicheren Weg, der uns auf Dauer nicht wird befriedigen können und einem neuen, ungewissen Weg mit unsicherem Ausgang, der unserer Abenteuerlust, unserem Drang nach Neuem und dem daraus resultierenden Wachstum voll Genüge tut.

So lange und so intensiv wir die Angelegenheit auch drehen und wenden, wir stehen immer vor einem Entweder – Oder! Doch die Lösung unserer Sache lautet: Sowohl als Auch!

Die Karte steht mit dem Zeichen Zwillinge in Bezug, dessen Ziel es stets ist, die unterschiedlichen Möglichkeiten, die wir für unvereinbar halten, durch flexibles Vorgehen unter ein gemeinsames Dach zu bekommen. Wir fühlen uns genau so lange hin- und hergerissen, bis wir den gemeinsamen, übergeordneten Nenner unserer Angelegenheit erkennen. Die Karte lehrt uns, dass sich unterschiedliche Möglichkeiten nicht unbedingt gegenseitig ausschließen müssen. Manchmal ist es sinnvoller, Kompromisse einzugehen, die beiden Seiten gerecht werden.

Gehen Sie besonnen vor (kalkuliertes Risiko) und brechen Sie die Brücken hinter sich keinesfalls radikal ab. Nehmen Sie Ihre bisher gesammelten Erfahrungen mit und machen Sie sich bereit für den neuen Weg, der in das Abenteuer führen wird. Lassen Sie das bisher Gelernte (Vergangenheit) nicht außer Acht und machen Sie sich auf die Reise zu neuen Ufern (Zukunft), denn Sie werden so oder so Ihre Entscheidung treffen und ein Risiko eingehen müssen. Wenn Sie beispielsweise vor der Wahl zwischen zwei beruflichen Möglichkeiten stehen, rät Ihnen die Karte, die neue Alternative vorerst als Nebenbeschäftigung auszuüben und erst später endgültig zu wechseln. Sie werden die entsprechenden Kontakte, die Sie durch ein solches Vorgehen auch weiterhin aufrecht erhalten, in der Zukunft vielleicht noch brauchen können. Jede Ausgrenzung, die auf einem Entweder – Oder basiert, ist jetzt fehl am Platz. Nur so kann Ihnen die Angelegenheit gelingen und Vergangenheit und Zukunft werden in Ihrer Gegenwart Hochzeit halten. Ihr vorwärts drängender Wille und Ihr eher mulmiges Gefühl können sich gegenseitig ergänzen und werden sich nicht länger widersprechen. Erweitern Sie Ihren bisherigen, gewohnten Rahmen und lassen Sie den Boden unter Ihren Füßen nicht aus den Augen. Bewegen Sie die Angelegenheit in Ihrem Herzen (Herzensentscheidung) und schreiten Sie dann vorwärts in neue Bereiche!

ICH: Ich kann mich jetzt einfach noch nicht entscheiden. Einerseits reizt mich das Neue, und das Abenteuer lockt. Andererseits gibt mir das Bekannte Sicherheit, auch wenn sich manchmal Routine und Langeweile eingeschlichen haben.
DU: Jeder Schritt zwingt Dich, für einen Moment auf nur einem Bein zu stehen. Nur durch die Bewegung bewahren wir unser Gleichgewicht.

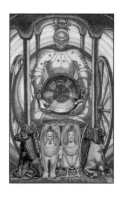

VII DER WAGEN

KURZFORMEL: Ich stehe zu all meinen Gefühlen – zu allen

In eine goldene Rüstung gekleidet und mit heruntergeklapptem Visier wartet der Wagenlenker darauf, dass sich seine vier »Zugtiere« in Bewegung setzen. Doch die beiden äußeren, dunklen und dämonisch anmutenden Gestalten blicken noch in unterschiedliche Richtungen und sind nicht integriert. Würden sie in diesem Moment starten, wären dies entgegengesetzte Wege, was für den Wagenlenker natürlich katastrophale Folgen hätte. Deshalb befindet sich *Der Wagen* noch in Ruhestellung. Dass er sich, also unsere angefragte Sache, in Bewegung setzen wird, ist allerdings sicher.

Für den Augenblick ist der Wagenlenker mit höchster Konzentration damit beschäftigt, die rotierende Scheibe, die er in Händen hält, zu betrachten, zu erspüren. Sie befindet sich unterhalb seines Herzens, was auf Trieb- und Erdkräfte und seine mit diesen verbundenen Gefühle schließen lässt. Die nach innen gerichtete Aufmerksamkeit des Wagenlenkers wird zur Folge haben, dass er diese Kräfte nicht länger dämonisiert und verteufelt.

Wenn *Der Wagen* in Ihren Auslagen erscheint, sollten Sie Ihre Angelegenheit für einen Moment unterbrechen (heruntergeklapptes Visier) und in sich gehen. Den dann aufsteigenden Gefühlen sollten Sie Ihre ungeteilte Aufmerksamkeit widmen, und zwar insbesondere jenen, die Sie als negativ einstufen. Ihre Aufgabe beim Ziehen der Karte besteht darin, diese Gefühle nicht beiseite zu schieben, sondern als zu Ihnen gehörig zu akzeptieren und das dahinter sitzende Energiepotential zu transformieren. Aufgestaute und verdrängte Wut beispielsweise ist eine tickende Zeitbombe, während sinnvoll ausagierter Zorn unseren natürlichen Vorwärtsdrang freilegt.

Sorgen Sie in Ihren bestehenden Umständen für klare Verhältnisse. Unterstützt werden Sie von Ihrer Umgebung momentan nicht, doch ist Unterstützung von außen gerade tatsächlich nicht möglich. Eine etwaige Erwartungshaltung in diesem Sinne sollten Sie ablegen. Es geht um *Ihre* Gefühle, die niemand anderes miterleben kann und mit denen Sie in sich gekehrt und auf sich selbst konzentriert zurzeit am besten ins Reine kommen können. Ihr »Visier« sollten Sie erst wieder hochklappen, wenn es an der Zeit ist. Wenn die Reise dann in Gang gesetzt wurde, warnt uns *Der Wagen* vor jeder Form des Leichtsinns (wer hoch steigt, kann tief fallen!).

Möglich, dass ein Wohnungswechsel stattfinden wird – jedenfalls steht in Kürze Bewegung an, für die wir Kräfte sammeln sollten. Jetzt ist nicht die Zeit der strategischen Planung oder der Aktion, sondern der Sortierung unseres Gefühlslebens. Wir sollten auf die Umstände *re*agieren und uns ausschließlich nach dem richten, was uns unser Bauch signalisiert.

ICH: Ich werde mich von niemandem drängen lassen, sondern genau das tun, was mein Bauch mir rät. Was soll die ganze Kopflastigkeit?
DU: Du hast alle Zeit der Welt, also nimm sie Dir auch! Niemand will Dich zu irgendetwas überreden.

VIII AUSGLEICHUNG

KURZFORMEL: Ich empfange, was ich
sende, und ich ernte, was ich sähe

Arkanum VIII ist die Karma-Karte. Sie rät uns, all das, was wir schon lange Zeit vor uns herschieben, jetzt endlich zu erledigen. Es gilt, unsere persönliche Inventur vorzunehmen und Ordnung zu schaffen. Wir entledigen uns alter energetischer Hindernisse und erhalten so die erforderlichen Freiräume für neue Aktivitäten.

Die gedankliche Auseinandersetzung mit unserer Angelegenheit sollte bodenständig, erdhaft, auf konkrete Tatsachen konzentriert sein. Dies sind nicht die sprühenden Ideen *Des Narren*, sondern das Verbinden und die Umsetzung von realistischen, bereits vorhandenen Umständen. Die Hände der Göttin umfassen den Griff des Schwertes auf der Höhe ihres Herzens. Unsere Gedanken und unsere Emotionen sollten jetzt nicht gegeneinander wirken (der Kopf sagt ja, der Bauch sagt nein), sondern sich harmonisch im Herzen finden und im Gleichklang schwingen. Was wir jetzt bewusst nach außen senden, wird sich als greifbares Ergebnis niederschlagen. Die Spitze des Schwertes der Göttin der Gerechtigkeit, Ma´aht, ist nach unten gerichtet, was uns sagt, dass unsere Sache kurz vor der Materialisierung steht.

Beginnen Sie mit kleinen Aufräumarbeiten, die mit Ihrem angefragten Thema oberflächlich gesehen nicht viel zu tun zu haben scheinen. Werfen Sie alten Ballast – beispielsweise aus Ihrem Kleiderschrank – über Bord, erledigen Sie den Anruf bei Tante Trude, den Sie schon seit Monaten auf die lange Bank schieben. Nehmen Sie konstruktive Kontakte wieder auf, die Sie vernachlässigt hatten. Sie bringen durch diese Alltagshandlungen Energie in Bewegung, was sich hilfreich auf Ihre sonstigen Umstände, auf Ihre befragte Sache, auswirken wird.

Kluges Vorgehen, das auf kühlem Kopf beruht und trotzdem unser Gefühlsleben nicht ausgrenzt, wird uns jetzt voranbringen. Beim Ziehen dieser Karte wird es sich bestimmt nicht um die Art von Entscheidung handeln, die wir durch überstürzte Manöver fällen. Das, wofür wir uns gerade einsetzen, wird längerfristige Auswirkungen haben. Gehen Sie an Ihr Thema mit dem größtmöglichen Verantwortungsbewusstsein heran, zu dem Sie fähig sind. Sie können jetzt sogar karmische Verstrickungen früherer Inkarnationen erkennen beziehungsweise auflösen. Kontakte, welche wir in der Ausgleichungsfrequenz eingehen, stehen oftmals unter dem Vorzeichen, dass wir unerledigte Angelegenheiten aus unserer Vergangenheit bereinigen dürfen. Für unter dieser Frequenz beginnende Partnerschaften gilt dies ganz speziell, also behandeln Sie die Ihnen entgegengebrachte Liebe mit Achtung und Würde. Sie werden symbolisch gerade zum Ritter geschlagen – setzen sie Ihr Schwert, Ihre Gedankenkräfte bewusst und konstruktiv ein! Ihre Ernte wird exakt das Ergebnis dessen einbringen, was Sie gerade an Samen setzen.

ICH: Ich habe den Eindruck, dass wir uns schon seit Ewigkeiten kennen. Doch bevor wir wirklich zusammenkommen können, habe ich noch etwas zu erledigen.

DU: Die Früchte unserer Vorbereitungen werden wir erst in der Zukunft ernten können. Tief in mir weiß ich bereits, wohin dies alles führen wird.

IX DER EREMIT

KURZFORMEL: Ich bin völlig unabhängig

Der Eremit, der erst bei aufmerksamer Betrachtung zu erkennen ist, stützt sich auf seinen Stab, der ihm Entlastung und Hilfestellung bietet. Das Ziehen der Karte sagt uns also, dass wir Unterstützung in unserer Sache erhalten werden. Wir werden allerdings lernen müssen, unsere Ansprüche und Erwartungen auf das zu reduzieren, was wir wirklich für unser weiteres Vorankommen brauchen. Wir werden nicht das bekommen, was wir wollen, doch wir werden sehr wohl all das erhalten, was wir tatsächlich benötigen, nämlich die Hilfe zur Selbsthilfe. Die Unterscheidung zwischen Wesentlichem und Unwesentlichem ist eine grundlegende Thematik von Trumpf IX. »Du bist nicht einsam, sondern Du bist allein«, lehrt uns *Der Eremit*. All-Ein.

Beim Ziehen der Karte sind wir aufgefordert, in Ruhe nach innen zu blicken. Alleine und ohne von Äußerlichkeiten abgelenkt zu sein, werden wir den Ruf unserer inneren Stimme vernehmen. Unser Ego muss lernen, sich dem Willen des Höheren Selbst unterzuordnen. Wir werden bisherige Abhängigkeiten von Dingen und Personen aufgeben müssen. Wir müssen überprüfen, inwieweit die Erwartungen unserer Mitmenschen mit unseren eigenen Zielsetzungen noch übereinstimmen. Wir werden Entscheidungen fällen, die unserer eigenen inneren Überzeugung tiefer entsprechen als bisher. Je schneller wir jetzt erkennen, dass mit den gewohnten, von außen gefärbten Wegen nichts mehr auszurichten ist und diese bewusst in Richtung Selbstverwirklichung verlassen, desto schneller wird die entscheidende Neuerung, die wir brauchen, in unserem Leben erscheinen können. Unterstützung aus unserer alten Umgebung sollten wir jetzt besser nicht erwarten, denn es werden neue und unerwartete Hilfestellungen sein, die sich eröffnen.

Einer der drei Köpfe des Hundes blickt zurück, was bedeutet, dass etwas Altes noch nicht vollständig abgeschlossen ist und wir uns davon befreien sollten. Dadurch kann neues Leben entstehen, symbolisiert durch die Samenzelle, welche die beiden anderen Hundeköpfe anblicken. Es liegt an uns, diesen Loslösungs- und Abgrenzungsprozess so schnell, wie wir dazu in der Lage sind, zu vollziehen. Eine Fastenkur in direktem oder übertragenem Sinne wäre eine Möglichkeit, den Ratschlag *Des Eremiten* konkret umzusetzen.

So kann *Der Eremit* eine der aufregendsten und fruchtbarsten Lektionen unseres Lebens darstellen, die Früchte unseres Wachstums werden uns für unsere Geduld und den notwendigen Verzicht reich belohnen. (Wenn im Zuge von Single-Liebesfragen Der Eremit auf Vergangenheitspositionen zu liegen kommt, bedeutet dies, dass unsere Zeit des Alleine-Seins sehr bald vorüber sein wird ...)

ICH: Ich bin zurzeit sehr intensiv mit mir selbst beschäftigt und kann deshalb keine Ablenkung gebrauchen. Falsche Kompromisse werde ich keinesfalls eingehen, deshalb grenze ich mich stärker ab als sonst.

DU: Ich kann meine Angelegenheiten sehr wohl alleine regeln und benötige keine ungefragten Ratschläge. Nur wer meine Unabhängigkeit respektiert, wird mir näher kommen.

X GLÜCK

KURZFORMEL: Ich eile nicht, wenn
ich geduldig sein sollte und ich bin nicht
geduldig, wenn ich eilen sollte

Mit Arkanum X sind wir an einem entscheidenden Wendepunkt unserer Angelegenheit angelangt. Durch die rotierende Drehbewegung des
Lebensrades gerät das, was bisher oben war, nach unten und all das, was
bisher unten war, gelangt jetzt nach oben. Viele unserer Lebensumstände ändern sich gerade, und wir werden unsere Wahrnehmung zwangsläufig auf andere Prioritäten verlagern als bisher. Wir erkennen, dass
nicht wir selbst es sind, die das Rad unseres Schicksals drehen, sondern
fremde, uns noch unbekannte Mächte.

Trumpf X ist innerhalb der Großen Arkanen die Zeitkarte. Wo wir zu
ungeduldig sind, sollten wir lernen, geduldiger zu werden. Wo wir andererseits zu geduldig sind, also ausstehende Angelegenheiten zu lange vor
uns herschieben, sollten wir lernen, zum günstigsten Zeitpunkt auch tatsächlich in Aktion zu treten und diese Angelegenheiten jetzt zu erledigen.

Achten Sie auf äußere Veränderungen, die sich auf Ihre Sache günstig
auswirken könnten. Folgen Sie zugleich Ihren inneren Impulsen. Unterschätzen Sie Ihr Gespür für solche inneren und äußeren Botschaften
nicht, denn das Ziehen der Karte sagt Ihnen, dass dieses Gespür durchaus vorhanden ist. Sie sind mit Sicherheit in der Lage, die »Zeichen« zu
erkennen! Sie werden zum richtigen Zeitpunkt eine gezielte Handlung
vollbringen können, die für jeden anderen so aussieht, als würde Ihnen
etwas regelrecht in den Schoß fallen. Doch die Vorleistung, die Sie für

dieses Glück erbracht haben, waren Ihre Geduld und auch Ihr Gespür für den richtigen Moment.

Altgewohnte Verhaltensmuster würden uns bei unserer Sache lediglich hindern (was oben war, gerät nach unten). Wir werden neue Stärken, die wir vielleicht schon lange in uns ahnen, jedoch selten oder nie bewusst zum Einsatz gebracht haben, jetzt aktivieren können (was unten war, gerät nach oben). Diese Stärken sollten wir für unsere weiteren Lebensumstände nutzen, denn die von der Glückskarte angezeigten Gelegenheiten bringen in der Regel keine dauerhaften oder gar endgültigen Ergebnisse mit sich. Durch unseren vollzogenen Schritt vorwärts werden wir unsere bisherigen Umstände verbessern. Aus dieser neuen und besseren Basis heraus werden sich dann weitere Schritte ergeben, für die uns bislang die nötigen Voraussetzungen fehlten. Immer wieder wird sich das Lebensrad, in dessen Zentrum wir uns befinden, erneut drehen. Doch wenn sich die Turbulenzen für einen kurzen Moment beruhigen und das Rad zum Stillstand kommt, können wir von innen nach außen treten, ohne unser Gleichgewicht zu gefährden. Wir nutzen die Gelegenheit zum effektiven Handeln, um dann in den Mittelpunkt, in unsere Mitte, zurückzukehren. Wir schreiten Schritt für Schritt auf der Lebensleiter empor, unserem Ziel, unserem »Glück« entgegen.

ICH: Warte bitte ab, bis ich aktiv werde. Überhastetes Handeln würde mich lediglich aus dem Gleichgewicht bringen.
DU: Letztlich bestimmen nicht wir das Tempo, sondern Mächte, die stärker sind als wir.

XI LUST

KURZFORMEL: Ich bin voller Lust
und Leidenschaft

Das Sprengen moralischer Zwänge und das Ausleben unserer Leidenschaft auf allen Ebenen ist das Thema von Arkanum XI. Stets stellt uns die Karte vor die Herausforderung, unser inneres Tier zu fühlen, zu zähmen und anzunehmen, um es dann unseren Wesensqualitäten hinzuzufügen. Die im Hintergrund des Bildes erkennbaren Gesichter reichen vom Poeten bis hin zur Ehebrecherin und sagen uns alle dasselbe: Lebe Deine Wildheit, Dein inneres Feuer der Leidenschaft aus – die einzige Ordnung, der Du Dich zu unterwerfen hast, ist die kosmische Ordnung! Wenn wir diesen Ratschlag beherzigen, setzen wir ein enorm wirkungsvolles Kraftpotential frei, das sich durch hohe Kreativität, große (Lebens-) Lust und auch animalischen Spürsinn bemerkbar macht.

Die animalische Evolutionsebene dreht sich in erster Linie um Nahrungssuche, Fortpflanzung und Revierverteidigung. Möglich, dass wir uns aufgrund äußerer Umstände gerade existenziell in die Ecke gedrängt fühlen. Dann lautet die Aufforderung, jetzt endlich kompromisslos die Zähne zu zeigen. Falsche Schuldgefühle sollten uns keinesfalls daran hindern, unser Revier eindeutig abzustecken und gegebenenfalls mit Klauen und Zähnen zu verteidigen.

Die Karte rät uns, uns zu einem Kanal für unsere Eingebungen und Instinkte zu machen und den Intellekt jetzt auszuschalten. Für unsere Sache sind alte Moralvorstellungen gerade völlig unangebracht. Durch Annehmen unserer animalischen Aspekte werden wir Lust, Kraft und neues Kreativpotential erhalten. Lernen Sie, Ihrem »Wittern«, Ihrem Spürsinn zu folgen, vertrauen Sie Ihrem inneren Krafttier.

Geist und Körper, Spiritualität und Triebkraft wollen gerade Verbindung miteinander aufnehmen und ausgelebt werden. Abgespalten und gehemmt sind diese beiden Energieformen nur, wenn wir ihr Zusammenwirken künstlich blockieren, denn sie stehen keineswegs im Gegensatz zueinander. Zusammen bilden sie den Kanal für unsere kreative Energie, damit diese frei fließen kann. Die Karte trägt häufig eine starke sexuelle Komponente. Sie können eine Beziehung erweitern und auf eine neue Ebene stellen, wenn Sie Ihren Phantasien freien Lauf lassen. Prüderie wäre jetzt absolut fehl am Platz. Spiritualität muss unsere Lebensfreude nicht unterbinden, sondern sollte diese erhöhen. Asketentum und Zölibat sind nicht unbedingt zwingende Voraussetzung für ein spirituelles Leben. Engel und Tier finden sich in unserem Körper und tanzen den Tanz unserer Befreiung!

ICH: Ich brauche dringend Freiraum, um meine Leidenschaft auszuleben. Ob ich dabei irgendwelchen Normen entspreche, ist für mich unwichtig.

DU: Wenn mich jemand in die Enge treiben will, werde ich mich wehren. Nichts und niemand wird mir verbieten, meine Gelüste zu stillen.

XII DER GEHÄNGTE

KURZFORMEL: Ich akzeptiere
meine Situation wie sie ist

Beim Ziehen der Karte befinden wir uns in einer ausweglosen Situation. Der Grund für diese vermeintliche Sackgasse ist, dass sich unsere höhere Führung gerade zwingend gegen unser Ego durchsetzt. Uns muss klar werden, dass es so, wie wir uns das vorgestellt haben, keinesfalls mehr weitergehen kann. *Der Gehängte* ist umgekehrt aufgehängt, weil er die Materie höher einstuft als den Geist, in anderen Worten dem Ego mehr Gewicht einräumt als dem Selbst. Diese Einstellung widerspricht dem natürlichen Verlauf. Unsere Sichtweise wird sich früher oder später um 180 Grad drehen müssen – besser früher!

Nehmen Sie Ihre derzeitige Situation an und gehen Sie keinesfalls durch Eigeninitiative gegen diese vor, Sie würden lediglich Zeit verzögern und sich schmerzhafte Erfahrungen zufügen. Je früher Sie erkennen, dass Sie die Umstände gerade nicht selbst unter Kontrolle haben, desto eher werden Sie Hilfe erhalten. Deshalb: Lassen Sie von Ihren scheinbaren materiellen Sicherheiten los, denn Sie werden durch Ihr Sicherheitsdenken nur behindert. Verlagern Sie vor allem Ihre Aufmerksamkeit von den rein materiellen Beweggründen Ihrer Angelegenheit hin zu anderen Faktoren. Ihre Fragen sollten beispielsweise lauten: Wie könnte ich mich wohler fühlen als zuvor? Wo kann ich meinen Aktionsradius erweitern und mehr Verantwortung übernehmen? Wo könnte ich der Gemeinschaft besser dienen als jetzt ...

Die Karte verspricht uns, dass sich unsere Situation ändern wird, und zwar genau dann, wenn wir unsere Sichtweise ändern. Neue Wege werden sich mit Sicherheit ergeben, doch nur von selbst und ohne unser Zutun – dann allerdings können uns plötzlich und unerwartet tiefere Erkenntnisse kommen beziehungsweise die große Chance steht überraschend vor uns und »das Wunder geschieht!« Wenn der Fragesteller beispielsweise auf Stellensuche ist, kann er so viele Bewerbungen abschicken, wie er will, er wird entweder Absagen erhalten oder an einen Arbeitsplatz geraten, der ihm nicht gut tut. Wenn er sich jedoch mit seiner momentanen Arbeitslosigkeit abfindet, kann völlig überraschend und von unerwarteter Seite ein Angebot an ihn herangetragen werden, das seine derzeitigen Erwartungen weit übersteigt.

Die Nacktheit *Des Gehängten* zeigt in aller Deutlichkeit, dass wir alles Überflüssige jetzt ab- und aufgeben sollten. Das Loslassen vermeintlicher Sicherheiten, das *Der Gehängte* von uns verlangt, erreichen wir in der Praxis am schnellsten durch das Vollziehen eines bewussten Opfers. Die entsprechende Beweisführung für dieses scheinbar paradoxe Vorgehen werden Sie mit Sicherheit aus Quellen erhalten, die Sie nicht einkalkuliert hatten, denn unser Höheres Selbst geht Wege und findet Möglichkeiten, die unser rationales Vorstellungsvermögen weit überschreiten.

ICH: Mein Leben verläuft wie der Hänger auf der Schallplatte – das selbe Lied wiederholt sich ununterbrochen.

DU: Du solltest zur Abwechslung mal die Dinge genau umgekehrt betrachten. Wenn man nicht mehr weiter weiß, ist dies in der Regel das letzte Stadium zu einer neuen Erkenntnis.

XIII TOD

KURZFORMEL: Ich lege Altes radikal ab,
um Platz für Neues zu schaffen

Arkanum XIII trägt grundsätzlich neues Leben in sich, das daraus entsteht, dass wir etwas Altes zu Grabe tragen. All jene überflüssigen Sicherheiten, die wir in der Stellung *Des Gehängten* nicht bereits freiwillig abgegeben haben, nimmt uns diese Energie jetzt gewaltsam weg. Wir können uns dem Prozess des Todes entgegenstellen, uns verweigern oder gegen ihn ankämpfen – es wird zu nichts führen. Das Aufgeben unseres derzeitigen Kampfes und das Akzeptieren von Mächten, die stärker sind als wir, ist die Aufforderung von Arkanum XIII.

»Lerne zu sterben, bevor Du stirbst«, heißt es in den alten Traditionen – und tatsächlich werden wir uns, wenn wir den Ballast unserer alten Scheinsicherheiten losgeworden sind, freier und lebendiger fühlen als jemals zuvor. Der Tod stutzt unsere zu hohen Erwartungen auf das Minimum zurück – wir sollten dankbar dafür sein, dass wir leben dürfen!

»Lebe jeden Moment so, als wenn er Dein letzter wäre«, hieße der Idealfall und durch die Lektion, die wir von Arkanum XIII gerade erhalten, kommen wir diesem Idealfall einen großen Schritt näher. Der Tod wird zum wertvollsten Ratgeber und Begleiter, den wir während unserer Lebensspanne zur Seite haben.

Durch das Loslassen alter, vielleicht lange gehegter Träume und Wünsche kann jetzt der Platz entstehen, den völlig neue, bisher unerkannte Impulse und Gelegenheiten benötigen, um unsere Aufmerksamkeit auf sich zu lenken. Ein volles Glas kann man nur von Neuem füllen, wenn es zuvor ausgeleert wurde. Genau dieses Ausleeren wird von uns gerade durch das Ziehen der Todeskarte eingefordert. Erst wenn wir dieser Forderung nachkommen, wird das Leben unser Glas erneut füllen. Wir erwachen aus unserem Traum und ein neuer Anfang wird möglich! Die sich schälende Schlange lässt ihre alte Haut zurück, um wachsen zu können. Die Raupe stirbt, damit der Schmetterling geboren werden kann.

Die Karte spricht unsere inneren Verhaltensmuster an. Immer muss der Fragesteller von seiner bisherigen Einstellung zur befragten Angelegenheit oder Person loslassen. Doch birgt Trumpf XIII das Versprechen in sich – und hält es auch –, dass die neue Freiheit und die daraus resultierenden Möglichkeiten größer und umfassender sein werden als zuvor.

ICH: Alles was mir lieb war, zerrinnt wie der Schneemann im Sonnenschein. Was gestern wichtig war, zählt heute schon nicht mehr.

DU: Nur wer stirbt, bevor er stirbt, weiß das Leben zu schätzen. Du wirst den Fluss des Lebens nicht aufhalten können. Gib endlich auf und kapituliere!

XIV KUNST
KURZFORMEL: Ich dosiere weise
und verbinde behutsam

Der Schmelztiegel auf dem Kartenbild verbindet, was vorher durch unsere eingeschränkte Sichtweise scheinbar getrennt war. Bald werden wir aus einer erweiterten Perspektive heraus unsere Lebensqualität erhöhen und verbessern können. Unser Höheres Selbst führt den hierzu erforderlichen Mischungsprozess gerade durch. Praktisch bedeutet das Zusammenfügen der Gegensätze, das sowohl der Engel als auch das Tier in uns bereits vollzogen haben, dass wir jetzt unseren greifbaren Bereichen zugänglich machen können, was wir früher durch Trennungsgedanken und unser Urteilen künstlich aus unserem Leben ausgegrenzt hatten. Vom Niederen zum Höheren ist ein Deutungsansatz, der uns verspricht, dass wir beim Ziehen der Karte häufig bessere Ergebnisse erhalten werden als erwartet.

Es mag so aussehen, als hätten wir jede Menge schwieriger Aufgaben in allen Bereichen zu bewältigen, doch wenn wir diese ruhig und gelassen, auf das Notwendige reduziert, in Angriff nehmen, werden wir im Inneren wie auch im Äußeren großen Zugewinn als Belohnung erhalten. Oberflächlich betrachtet bewegt sich unter Umständen gerade nicht allzu viel, und die erhofften Resultate lassen noch auf sich warten. Doch liegt der tiefere Grund für unsere Wartezeit darin, dass unser alchemistisches »Süppchen« gerade gekocht, unsere Sache gerade zubereitet wird. Entscheidend für unseren Erfolg ist, dass wir bei unseren Handlungen die richtige Dosierung, das rechte Maß einhalten. Wir sollten die nötigen Schritte unternehmen, um unser Ziel zu erreichen, doch wäre ein Übermaß an Engagement nicht förderlich für unsere Angelegenheit.

Gestalten Sie Ihre angefragte Sache wie ein Ping-Pong-Spiel. Machen Sie einen Schritt auf Ihr Thema oder die entsprechende Person zu und warten Sie dann ab, was zurückkommt. Beobachten Sie dabei, in welcher Intensität Ihnen der nächste Ball zugespielt wird. Gehen Sie dann erneut in Aktion und halten Sie das Spiel aufrecht. Achten Sie darauf, das Tempo oder die Intensität Ihrer Maßnahmen nur unwesentlich zu erhöhen, gegebenenfalls auch zu verlangsamen, bleiben Sie insgesamt in der vorgegebenen Geschwindigkeit. Artemis hat verschiedenfarbene Brüste und Gesichter. Wundern Sie sich also nicht, wenn Sie manche der »zugespielten Bälle« als überraschend empfinden sollten und sich Ihre Sache in Richtungen bewegt, die Sie nicht vorauskalkulieren konnten. Dies ist der Grund für das eher maßvolle Tempo, das Ihnen von Arkanum XIV angeraten wird. Üben Sie sich in der Kunst des Wechselspiels zwischen Aktion und Reaktion. Sie erhalten gerade eine Lektion im Einhalten der richtigen Dosierung, was tatsächlich als eine »hohe Kunst« bezeichnet werden kann.

Trumpf XIV kann in gesundheitlichen Belangen die Aufforderung beinhalten, zum/r Heilpraktiker/in zu gehen beziehungsweise homöopathische Mittel zu verwenden. Auch andere energetische Heilmethoden oder Techniken, die feinstofflich ansetzen, werden sich positiv auf uns auswirken. In Meditationen ist jetzt sogar der bewusste Kontakt zu Engeln oder unserem Geistführer möglich.

ICH: Ich bin bereit, auf Machtspiele zu verzichten und unsere Energien zu mischen und zu bündeln.

DU: Wenn wir uns nicht miteinander messen, sondern statt dessen unsere Energien zusammenführen, wird uns die Vereinigung unserer Gegensätze in höhere Bereiche führen als jemals zuvor.

XV DER TEUFEL

KURZFORMEL: Ich nehme meinen Schatten an

Gleichgültig, ob unsere Frage in Sachen Liebe, Beruf oder allgemein gestellt wurde, wir stecken gerade in Vorurteilen fest, die uns daran hindern, uns frei zu bewegen. Humorlos verurteilen wir die üblen Umstände, die unsere Freiheit blockieren. Wir wissen genau, wer der verantwortliche Bösewicht, der Sündenbock für unsere Ausweglosigkeit ist.

In vielen Tarot-Gestaltungen hat sich *Der Teufel* auf einem Sockel niedergelassen, was durchaus wörtlich zu übersetzen ist: Bin ich selbst es, der sich künstlich auf den Sockel stellt und auf die anderen urteilend herabblickt? Oder machen wir uns klein und unterwürfig, nur weil wir die anderen in eine Machtposition zwingen, die ihnen gar nicht zusteht? Innen wie außen! Unsere Situation wird sich genau dann auflösen, wenn wir erkennen, dass wir in letzter Konsequenz uns und unsere Fähigkeiten in irgendeiner Form verteufeln. Wir müssen jetzt vom Sockel steigen oder auch andere Beteiligte von ihrem künstlichen Sockel herunterholen. Wir werden lernen, uns auf gleicher Höhe in die Augen zu blicken. In Liebesbeziehungen ist jetzt häufig der Zeitpunkt erreicht, an welchem sich das erhebende Gefühl des Verliebtseins verflüchtigt hat und wir die Schwächen und unangenehmen Angewohnheiten unseres Gegenüber erkennen müssen. Wollen wir uns das nächste funkelnde Paar Augen suchen, in welchem wir unsere lichten Seiten reflektiert bekommen oder sind wir bereit, anzuerkennen, dass niemand perfekt ist, insbesondere wir selbst nicht?

Das Davonlaufen bringt uns keine Lösung, doch auch der Kampf kann uns nicht mehr weiterhelfen. Wir sind in Kräfte raubende Schattengefechte verstrickt und vergeuden lediglich unsere Energie, mit der wir beim Ziehen dieser Karte wahrscheinlich ohnehin längst am Ende sind. Schalten Sie Ihr »Licht« auch jetzt, in der vermeintlichen Finsternis an, und die Dunkelheit wird sich auflösen, weil dies ein Naturgesetz ist, welches auch für Sie Gültigkeit hat. Verurteilen Sie sich selbst, Ihr Gegenüber und die angefragte Situation nicht weiterhin. Wo Licht ist, erzeugt dieses zwangsläufig auch Schatten, den wir auf Dauer nicht werden ausgrenzen können. Was hält uns davon ab, den Weg unserer Befreiung aus der künstlichen Verstrickung jetzt zu gehen? Wo genau halten wir uns, andere oder die Situation allgemein für schlecht?

Vielleicht fällt es Ihnen beim Ziehen der Teufelskarte nicht unbedingt leicht, doch könnte ein Schuss Humor Ihrer Angelegenheit keinesfalls schaden und das Eis, die verhärteten Strukturen zum Schmelzen bringen.

Bewerten Sie die Umstände nicht über, beleuchten Sie die Situation aus einer neuen Perspektive heraus, die sich über Ihre bisherigen Vorurteile erhebt. Besinnen Sie sich auf Ihre Stärken und setzen Sie diese nicht für Kampf und Machtspielchen ein, sondern zur konstruktiven Befreiung aus Ihrer kleinkarierten Thematik. Die Fesseln, die Sie gefangen halten, werden sich genau dann lösen, wenn Sie erkennen, dass Sie selbst der Wächter sind, der sich zu seinem eigenen Gefangenen macht.

ICH: Ich neige dazu, die anderen auf den Sockel zu stellen und mich selbst klein zu machen. Doch damit ist jetzt Schluss, denn ich werde mir nicht mehr selbst im Wege stehen.

DU: Du beschwörst in mir genau das herauf, was ich mich selbst nie anzusehen getraut habe. Ich wusste nicht, dass ich zu solchen Gedanken fähig bin.

XVI DER TURM
KURZFORMEL: Ich sprenge meine alten Begrenzungen

Der treffendste Titel für diese Karte lautet dramatische Befreiung. Um ein Alltagsbeispiel zu formulieren: Der vereiterte Zahn wird gezogen, damit der gesamte Organismus nicht mehr vergiftet wird und somit heilen kann. Und weiter: Je früher wir den schmerzenden Zahn behandeln lassen, desto kürzer werden wir an Zahnschmerzen leiden und umso weniger intensiv wird die zahnärztliche Behandlung sein. Es liegt also ausschließlich an der Einstellung der Fragestellerin, ob die Betonung unseres fälligen Wachstumsschrittes stärker auf Dramatik oder eher auf

Befreiung liegen wird. In absolut jedem Fall bringt *Der Turm* ein Sprengen unserer bisherigen Grenzen mit sich, und wir werden immer im Nachhinein, nachdem wir uns von dieser Umbruchsphase wieder erholt haben, sagen: Das hat's gebraucht, ich wäre sonst niemals aus meinem Dornröschenschlaf aufgewacht.

Blicken Sie sich selbst und Ihrer Angelegenheit ins Gesicht und legen Sie notfalls auch den Finger auf die Wunde. Bedenken Sie bitte: Je früher Sie Ihre Grenzen erweitern, freiwillig oder unfreiwillig, umso reibungsloser wird Ihr Befreiungsakt stattfinden können. In Beziehungsfragen muss die Turmkarte nicht automatisch Trennung bedeuten, doch ist Grundvoraussetzung, dass beide Beteiligten aus ihren bisherigen Mustern herauswachsen. Hierin besteht für ein Weiterbestehen der Beziehung tatsächlich die einzige Chance. Klar ist in jedem Fall, dass Sie sich Freiräume verschaffen müssen, um Ihren persönlichen Wachstumsschritt durchführen zu können. Sie werden feststellen, ob dieser in Übereinstimmung mit anderen Beteiligten möglich ist oder ob Sie Ihre Befreiung mit letzter Konsequenz erkämpfen müssen.

Übersetzen Sie diese Karte nicht automatisch als Katastrophe. Akzeptieren Sie, dass Ihnen Ihre bisherige Schuhnummer zu klein geworden ist und die alten Schuhe jetzt schmerzhaft drücken. Finden Sie in aller Ehrlichkeit heraus, wo genau Sie sich gegen Ihr anstehendes – in der Regel äußeres – Wachstum wehren. Lügen Sie sich nicht in die eigene Tasche! Ein »Ja, aber« kann es jetzt nicht geben. Sie sollten sich absolut klar darüber sein, dass Sie gerade eine Lektion zu lernen haben, die Sie zwar in Ihren Grundfesten erschüttert, Ihnen jedoch ganz bestimmt nicht davonlaufen wird. Argumente, die Sie darin bestätigen, dass sich Ihre Angelegenheit nicht ändern ließe, werden Ihnen keinesfalls weiterhelfen. *Der Turm* will Ihr Wachstum und diesbezüglich gibt es kein »Ja, aber«. Suchen Sie statt dessen nach neuen Möglichkeiten, die Sie bislang außer Acht gelassen haben, gerade, weil Sie diese für unmöglich hielten. Machen Sie all das, was Sie aus falscher Rücksichtnahme oder der alten Gewohnheit, sich zu ducken und schuldig zu fühlen, bisher zurückgehalten haben. Verhalten Sie sich nicht reaktiv, sondern proaktiv! Gehen Sie anstehendem Streit und Krach nicht aus dem Weg!

ICH: Ich habe keine andere Wahl, als meine Masken abzulegen und mein wahres ungeschminktes Gesicht zu zeigen.

DU: Wahrscheinlich werde ich nicht halten können, was Du Dir von mir versprochen hast. Wenn wir uns weiterhin verstecken und verstellen, werden wir ganz sicher scheitern.

XVII DER STERN

KURZFORMEL: Ich vertraue meinen Einsichten

Die nackte und völlig ungeschützte Frau lässt den Inhalt des oberen Kelches, der vom Himmel und den Sternen gespeist wird, als Kanal durch sich hindurch fließen und gießt die daraus entstehenden Kristalle neben sich auf die Erde. Kristalle sagen uns in der Symbolsprache des Tarot immer, dass wir etwas kristallisieren, materialisieren, zur Erde holen. Wir bringen greifbare Resultate hervor und rufen sie in unser Leben. Im Falle von Arkanum XVII ist der Ursprung des erzielten Ergebnisses kosmischer, göttlicher Natur, wir befinden uns im Einklang mit unserer Bestimmung.

Das Ziehen der Karte zeigt uns, dass die Zeit der Belohnung für das bisher Geleistete naht. Wir sollten uns jetzt keinesfalls beirren lassen, unsere Wahrnehmung täuscht uns nicht, und wir brauchen nichts weiter zu tun, als dieser Wahrnehmung zu vertrauen und als Kanal zu fungieren – die ins Haus stehenden Ergebnisse sind zu unserem Vorteil und werden unser Leben bereichern. Wir brauchen nicht mehr zu kämpfen, denn alles Notwendige ist bereits erledigt. Entspannen Sie sich und machen Sie sich bereit zum Einfahren der Ernte! Sie können sich in die befragte Angelegenheit hineinbegeben oder dort verbleiben und brauchen keine Schutzvorkehrungen zu treffen, denn es kann Ihnen kein Leid zugefügt werden.

»Nur im Dunkeln kann man die Sterne sehen«, ist ein Zitat, welches uns die Aussage von Arkanum XVII verstehen hilft. Es kann durchaus möglich sein, dass wir beim Ziehen dieser Karte gerade »dunkle« Zeiten durchleben. Unter Umständen fühlen wir uns erschöpft und verunsichert. Doch zeigt uns *Der Stern* an, dass wir Neuland erreicht haben und der Silberstreif am Horizont nicht mehr lange auf sich warten lässt. Gleichgültig, ob wir diesen bereits erkennen können oder nicht, die Karte will uns Hoffnung machen und spricht uns Trost zu. *Der Stern* kündigt uns Besserung in vielen Bereichen an. Wenn die Nacht am dunkelsten ist, steht die Dämmerung kurz bevor. Sie erhalten gerade die Bestätigung dafür, dass Sie sich auf dem richtigen Weg befinden. Schieben Sie etwaige Zweifel zur Seite. Bleiben Sie Ihrer Richtung treu. Folgen Sie Ihrem Stern. Sie werden Ihre Belohnung erhalten, auch wenn Sie diese im Moment noch nicht erkennen sollten. Achten Sie insbesondere auf Ihre Träume!

Der Stern kann bisweilen die Aufforderung enthalten, sich mit Heilsteinen (Kristallen) zu befassen und mit diesen in der Praxis Erfahrungen zu sammeln oder auch Minerale und/oder Mineralien (Salze) zur Behandlung von Symptomen aller Art einzusetzen.

ICH: Ich möchte meine Visionen in die Tat umsetzen, denn ich fühle, dass ich nicht alleine bin.

DU: Ich habe hohe Ideale, doch ich weiß, dass ich diese verwirklichen kann, wenn ich zutiefst an mich selbst glaube. Ich folge meinem Stern.

XVIII DER MOND

KURZFORMEL: Ich bleibe mir selbst
unter allen Umständen treu

Mit Arkanum XVIII, *Der Mond*, treffen wir auf eine im wahrsten Sinne des Wortes zwielichtige Karte. Der trügerische Schein könnte unseren Blick für die wahren Verhältnisse trüben. Versuchungen aller Art wollen uns vom eingeschlagenen Weg abbringen. Wir neigen dazu, uns selbst und unsere neu gewonnenen Fähigkeiten falsch einzuschätzen. Wir laufen gerade akut Gefahr, uns kurz vor dem Ziel doch noch untreu zu werden. Leichtsinn könnte beispielsweise die Ursache dafür sein, dass der Rückfall droht.

Die Karte ist astrologisch dem Fischezeichen zugeordnet, welches für Suche und Sucht steht. Unsere Suche könnte schnell in Sucht umschlagen. Genau dieses sich selbst Verlieren, das wir bei jeder Art des Suchtverhaltens antreffen, ist unser Stolperstein. Die Sonne, die sich auf ihrem Rückweg aus der Unterwelt befindet und kurz vor ihrem Erscheinen am Morgenhimmel steht (Morgendämmerung), wird von einem Skarabäus überbracht, dem Käfer der Lebenskraft und Wiedergeburt im Alten Ägypten. Diese Bildgestaltung macht uns in dämmrigen, unsicheren und trügerischen Zeiten Hoffnung und zeigt uns zugleich die Lösung für unsere äußerst sensible Stimmungslage auf, die mit dem Ziehen der Mondkarte sicherlich einhergeht. Bleibe Dir selbst jetzt unter allen Umständen treu! Vollziehe weiterhin die schwere Geburt!

Das Ziehen dieser Karte zeigt uns also einerseits, dass wir uns tatsächlich auf dem Weg zur Sonne, zurück in helle, lichte Bereiche befinden und sich die Wunscherfüllung des angefragten Themas greifbar nah vor unseren Augen befindet. Sie warnt uns andererseits aber auch eindringlich davor, uns selbst gegenüber inkonsequent zu werden und faule Kompromisse einzugehen. Die Karte rät uns dringend an, keinerlei Fluchtverhalten – meist aus alten Gewohnheiten heraus – zu praktizieren, sondern mit höchster Aufmerksamkeit und Konsequenz unsere Angelegenheit im Auge zu behalten und weiterhin mit klarem Bewusstsein vorwärts zu blicken und auf das angestrebte Ergebnis zuzusteuern.

Wenn man jetzt, kurz vor dem Ziel, in Leichtsinn, Übermut oder Leichtgläubigkeit verfallen würde, würde man am Ende doch noch baden gehen und eine Ehrenrunde drehen müssen. Nach Trennungen beispielsweise taucht die Karte gerne auf, wenn wir uns vom ersten Schmerz erholt haben und in Versuchung geraten, uns doch noch ein letztes Mal mit dem/der Ex einzulassen, um es »noch einmal zu probieren«. In diesem Fall lautet die Botschaft, jetzt keinesfalls »rückfällig« zu werden. Bei angestrebten beruflichen Veränderungen ist es möglich, dass wir vom alten Arbeitgeber eine Gehaltserhöhung angeboten bekommen, jetzt aber nicht auf diese eingehen sollten. Wenn wir unsere Entscheidung revidieren, würden wir aussichtsreichere Chancen verpassen. Selbst betrügerisches Verhalten, Lügen und Falschaussagen vor Gericht können uns durch das Ziehen der Mondkarte angezeigt werden. Der Hinweis ist stets, jetzt absolut ehrlich in unserer Sache vorzugehen, uns nicht umzublicken und, anstatt rückfällig zu werden, unseren Blick nach vorne, auf das Ergebnis unserer »schweren Geburt« auszurichten.

ICH: Das Leben kommt mir gerade vor wie ein Schwarm Fische. Wann immer ich hineingreife, habe ich hinterher nichts in der Hand.

DU: Letztlich wirst Du nur dann zum Erfolg kommen, wenn Du Dir selbst absolut treu bleibst. Lass Dich jetzt keinesfalls von Deinem Weg abbringen. Du befindest Dich kurz vor dem Ziel.

XIX DIE SONNE

KURZFORMEL: Ich stehe im Licht

Arkanum XIX ist sehr stark zum Du hin orientiert und hat deshalb in den meisten Fällen mit Personen in unserer Außenwelt zu tun. Häufig kennen wir die betreffende/n Person/en bereits, doch steht in der Gegenwart die Aufgabe für uns an, alleine über eine letzte – niedrige – Hürde zu springen, was uns durch spielerische Offenheit auch mit Sicherheit gelingen wird. Die Aussage der Sonnenkarte lautet: Die Verbindung mit unserem inneren und äußeren Gegenpol kann stattfinden. Wir wollen leben, wir wollen zeigen, was wir gelernt haben und unsere neue und wiedergewonnene Offenheit zum Ausdruck bringen. Doch macht uns der intensive Kontakt mit unserem inneren Kind zugleich verletzlich und dadurch auch leicht beeinflussbar. Aus genau diesem Grunde gibt es für die beiden abgebildeten Kinder noch ein Hindernis zu überwinden. Doch auch diese letzte Hürde ändert nichts daran, dass unsere Sache unter denkbar positiven Vorzeichen steht. Kein Schatten fällt auf uns. Unser inneres Kind kann sich uneingeschränkt dem Leben hingeben.

Mit dem Ziehen der Karte sind wir durchaus in der Lage, intuitiv zu spüren, wann wir uns abhängig machen und dadurch unser inneres Kind verleugnen würden. Innerhalb bereits bestehender Beziehungen befinden wir uns stets in einer Phase, während der wir dem Partner und uns selbst Freiräume lassen müssen, die wir für unsere momentane Entwicklung benötigen. Lassen Sie den Fun-Faktor in Ihrem Leben nicht außer Acht, unternehmen Sie auch mal etwas ohne den Partner! Im Bild trennt uns das Mäuerchen vom Gipfel des Berges und zeigt uns, wie nahe wir unserem Ziel bereits sind. Doch wäre unsere Erwartung ein Fehler, man könne sich jetzt gegenseitig an der Hand nehmen, um gemeinsam die letzte Hürde zu überwinden. Um den Gipfel unserer Möglichkeiten zu erreichen, um vom Guten zum Besseren zu gelangen, sollten wir jetzt nicht verfrüht zugreifen.

Die Karte teilt uns also mit, dass wir uns kurz vor dem Ziel befinden. Wir sind gerade dabei zu vereinen, was sich einstmals außerhalb unseres Horizonts bewegte und deshalb unerreichbar für uns war. Die Resonanz unserer offenen Ausstrahlung werden wir sehr bald in der Außenwelt präsentiert bekommen. Geschäftsabschlüsse und andere befragte Angelegenheiten werden positiv verlaufen. Wen oder was wir auf dem Berggipfel, den wir unabhängig vom Gegenüber erreichen, dann letztlich treffen werden, wissen wir beim Ziehen der Karte oftmals nicht, doch das große Glück erwartet uns dort bereits. Die Karte spricht unsere Herzlichkeit an. Und das Herz denkt stets in der Gegenwart!

ICH: Einen Moment lang möchte ich alle Verpflichtungen beiseite schieben und dem Leben absolut unbekümmert mit offenen Armen entgegen gehen.

DU: Wende Dein Gesicht der Sonne zu, dann fallen die Schatten hinter Dich. Alles was zählt, ist das unendliche Jetzt. Komm, lass uns spielen.

XX DER AEON

KURZFORMEL: Ich bin bereit für mein Wachstum

Arkanum XX bestätigt unser Wachstum und teilt uns mit, dass wir gerade einen Quantensprung vollziehen. Unser großer Schritt vorwärts, den man rituell als Wiederauferstehung bezeichnet, hat Auswirkungen auf all unsere Lebensbereiche und findet auf vielen Ebenen statt. Die Integration und Transformation unserer vormals »dunklen« Bereiche ist gelungen. Sämtliche Schichten unseres Wesens werden beim Ziehen der Karte angesprochen. Aeon bedeutet unermesslicher Zeitraum. Wir haben im Vorfeld die Herausforderungen angenommen und sind Schritt für Schritt unseren Entwicklungsweg gegangen, Stufe um Stufe haben wir die Leiter erklommen. Als Belohnung für den oftmals mühsamen Weg findet jetzt Heilung statt, je nachdem welche Angelegenheit befragt wird und noch darüber hinaus. Unser Wachstum ist ganzheitlich.

Die Fragestellerin wird aufgefordert, ihre Angelegenheit unbedingt bis zum Ende weiter zu verfolgen und dabei in jeder Hinsicht ehrlich zu bleiben. Unser Wachstum betrifft sowohl die inneren als auch die äußeren Bereiche unseres Lebens. Voraussetzung ist natürlich unsere Bereitschaft für größere Aufgaben. Wir werden uns höhere Ziele setzen als in der Vergangenheit. Die Prüfung, der wir uns im Zuge von Arkanum XX zu unterziehen haben, lautet, ob es uns mit unserem Anliegen ernst ist, ob wir bereit sind, unsere guten Vorsätze auch tatsächlich in die Tat umzusetzen. Wenn wir es mit unserer Angelegenheit ehrlich meinen, wird uns kein menschliches Wesen an der Umsetzung unseres Vorhabens hindern können. Wir haben nichts und niemanden zu fürchten!

Personen unseres Umfeldes werden von diesem Wachstum ebenfalls betroffen sein, denn *Der Aeon* findet nicht im stillen Kämmerlein statt. Gleichgültig, welche Frage Sie dem Tarot gestellt haben, sollten Sie mit Ihren Zielen jetzt nach außen treten und Ihre Brötchen keinesfalls zu klein backen. Trauen Sie sich etwas zu, denn Sie haben jede nur denkbare Unterstützung. Selbst wenn Sie beim Ziehen der Karte die entsprechenden Resultate noch nicht greifbar vor sich sehen sollten, werden Sie mit Sicherheit bald den Lohn für Ihre Bemühungen erhalten. Der Aufwand Ihrer Kräfte wird sich auszahlen. Welches sind die Pläne, Aufgaben und Herausforderungen, die Ihnen bisher scheinbar eine Nummer zu groß waren? Die erhofften Gelegenheiten werden nicht lange auf sich warten lassen. Packen Sie diese beim Schopf! Setzen Sie Ihre Erkenntnisse und Erfahrungen in die Tat um. Die Zeichen stehen auf Wachstum.

ICH: Ich bin vom Durchblick zum Überblick gelangt und von meinen großen Zielen durch nichts mehr abzubringen. Mit jedem Tag fühle ich mich stärker.

DU: Lange gehegte Pläne können bald umgesetzt werden. Das Wir ist wichtiger als das Ich.

XXI DAS UNIVERSUM

KURZFORMEL: Ich bin absolut frei

Die Arme der nackten Person, die ein Dreieck symbolisieren, befinden sich oberhalb des Körpers und die Beine in Form einer Vier sind unten, *Der Gehängte* hat sich endlich um 180 Grad gedreht. Der natürliche

Verlauf ist wiederhergestellt, der Geist kann sich ungehindert in die grobstoffliche Materie hinein verdichten. Die Schlange der Transformation, die beim Gehängten noch zusammengerollt auf ihre Erweckung gewartet hatte, hat sich nun entfaltet und ist unser Begleiter. Sie wirkt als Übermittler für die Ausflüsse, die Emanationen des geöffneten Gottesauges und bringt uns die Botschaften unseres Höheren Selbst, die wir in die Tat umsetzen und verwirklichen können. Die vier Hüter der Elemente, die an den Ecken von Arkanum V, *Der Hierophant*, noch unseren Rahmen festlegten, haben sich jetzt umgewendet und geben den Weg frei ins Universum. Waren die vier Gesichter Gottes dort noch maskenhaft abgebildet, so haben sie die uns auferlegten Begrenzungen jetzt abgelegt und weisen uns den Weg in neue, uns bisher nicht zugängliche Bereiche. »Es ist vollbracht!«

Die weibliche Hauptfigur von Arkanum XXI wird in manchen Tarot-Decks als Hermaphrodit oder Androgyn dargestellt, als ein Wesen, das beide Geschlechter in sich vereinigt. Diese Darstellung ist treffend, denn auf dieser Station der Großen Arkanen findet die Vereinigung von innerer Frau und innerem Mann, die bereits in der Sonnenkarte angekündigt wurde, statt. Die Verbindung der Gegensätze ist gelungen. Alles ist jetzt möglich, die Zeit der Freiheit ist angebrochen!

Das Ziehen der Karte sagt uns stets, dass wir die befragte Angelegenheit ohne zu zögern in Angriff nehmen sollten und dass sie gut ausgehen wird. Natürlich sollten wir die vorhandenen Handlungsspielräume jetzt auch wirklich nützen und in die neuen und freieren Bereiche, die sich uns gerade eröffnen, tatsächlich aktiv vordringen. Keine Gelegenheit wartet bis in alle Ewigkeit auf uns, denn der Fluss der Zeit wird in Bewegung bleiben und weiterziehen. Die Zeichen stehen auf Erfolg und wir haben uns diesen Erfolg verdient. Sätze wie »das traue ich mich nicht; das habe ich nicht verdient ...« sollten Sie jetzt beiseite lassen. Es ist nicht »zu schön, um wahr zu sein«, sondern vor Ihnen steht das Produkt Ihrer aufrichtigen Bemühungen.

Häufig deutet Arkanum XXI auf eine größere Reise, Umzug, Familienzuwachs oder erfolgreiche Firmengründung oder Beförderung hin. In jedem Falle sind wir bald am vorläufigen Ziel unserer Wünsche angekommen und haben eine neue Ebene unserer Lebensumstände im Innen und Außen erreicht. Das, wonach wir gefragt hatten beziehungsweise worauf der Tarot in unserer Auslage den Schwerpunkt legt, steht unter wahrlich günstigen Vorzeichen.

ICH: Ich will endlich genau das werden, wozu ich bei meiner Geburt die Fähigkeiten bekommen habe.

DU: Nichts hält Dich auf, denn Du bist in Bewegung geraten. Der Weg ist frei, Du brauchst ihn nur zu gehen.

DIE 40 KLEINEN ZAHLENKARTEN

Im Gegensatz zu den 22 Großen Arkanen teilen sich die restlichen 56 Karten des kleinen Arkanums in 4 Serien auf, welche den Elementen Feuer, Wasser, Luft und Erde zugeordnet sind. Das kleine Arkanum besteht aus 40 kleinen Zahlentrümpfen und 16 Hofkarten. Die kleinen Zahlentrümpfe, jeweils von 1 (= Ass) bis 10, zeigen uns die *Situationen* unseres Lebens auf. Doch einen Schritt tiefer weisen uns die kleinen Zahlenkarten auf die Ursachen dieser Situationen hin. Unsere Lebensumstände sind die Folge und die Auswirkung der Frequenzen, die wir ununterbrochen aussenden. Dies sind außer unseren Handlungen (Scheiben) auch unsere Willenskräfte (Stäbe), unsere Gefühle (Kelche) und unsere Gedanken und Worte (Schwerter). Diese Energien stoßen in unserer Umwelt auf Resonanz. Gleiches gilt für unsere Empfangsbereitschaft, denn wir sind, ähnlich wie ein Rundfunkempfänger, nur für jene Frequenzen erreichbar, für die wir auch tatsächlich offen sind. Meistens sind uns die entsprechenden Zusammenhänge nicht bewusst, wir erkennen nicht, welche konkreten Ursachen wir in die Welt setzen, die dann als Folgeerscheinung (Karma) unsere Lebensumstände erschaffen. Die kleinen Zahlenkarten des Tarot zeigen uns auf, in welcher Frequenz und in welcher Verdichtungsebene sich unsere »Ausstrahlung« bewegt.

Jede Karte bewegt sich innerhalb eines Spannungsfeldes von Licht und Schatten. So kann sich unsere Willenskraft als gesunde Offensivstärke auswirken, jedoch ebenfalls als gewalttätige Aggression. Unsere Gedanken, als weiteres Beispiel, können destruktiver Natur sein und uns klein halten, oder aber konstruktiv in fruchtbare Strategien einmünden. Unser Ziel sollte stets sein, beide Pole zusammenzuführen und in einem gemeinsamen erhöhten Punkt zu transformieren. Resultat dieses Ausgleichs ist der freie Fluss unserer Energie, was wiederum Gesundheit und harmonische Resultate in der Außenwelt zur Folge hat.

Der Bezug der kleinen Zahlenkarten zum kabbalistischen Lebensbaum wird hier lediglich auf das Allernötigste beschränkt erläutert. Zur

Vertiefung verweise ich auf mein Buch »Der Tarot-Lehrgang«. In diesem Grundlagenwerk wird der Wissenschaft der Kabbala, ebenso wie der Astrologie und der Farbenlehre jeweils ein ausführliches Kapitel gewidmet, soweit die Bezüge auf den Tarot umsetzbar sind. Die Kabbala setzt sich mit der Tatsache auseinander, dass jede erdenkliche Situation unseres Lebens den Weg durch immer dichter werdende Energiefrequenzen hinter sich gebracht hat, bevor eine solche Situation dann in unsere Welt der Materie eintreten und dort erscheinen kann. Die energetischen Stationen, die für die Entstehung jeglicher materiell greifbaren Situation Voraussetzung sind, unterliegen unterschiedlich dichten Frequenzen, die für unsere Sinne meist nicht erkennbar sind. Dies ändert jedoch keineswegs etwas daran, dass diese Frequenzen trotzdem jederzeit vorhanden sind und größten Einfluss auf unser Leben haben. Gefühle beispielsweise passen in kein Reagenzglas, doch wird niemand bestreiten wollen, dass es Gefühle gibt und diese außerdem äußerst starke Kräfte repräsentieren, auch wenn wir sie nicht in einem Reagenzglas unterbringen können. Gleiches gilt für unsere Gedanken- und auch Willenskräfte. Die Energie, die in den vier Elementen ihren Niederschlag findet, ist stets vorhanden, gleichgültig, ob wir sie gerade bewusst registrieren oder nicht (Luft beispielsweise ist nicht greifbar). Um das Vorhandensein und den Aggregatzustand, die Dichte und Frequenz des jeweiligen Elementes trotzdem konkretisieren zu können, haben Eingeweihte seit alter Zeit die Kabbala als Hilfsmittel zu Rate gezogen.

Wir finden die einzelnen Etappen, welche die sich verdichtende Energie zu durchlaufen hat, um zur greifbaren Materie zu werden, in den kleinen Arkanen des Tarot, die intensiven Bezug zum kabbalistischen Lebensbaum pflegen. Die erste Station auf dem Verdichtungsweg sind die Asse des Tarot, die zweite Station sind die Zweier, die dritte die Dreier usw. bis hinunter zu den Zehnern, die stets das vorläufige Ende einer Entwicklung anzeigen. Doch jedes Ende trägt zugleich den Neubeginn auf einer höheren Stufe in sich. Deshalb tragen alle Zehner das Ass, die 1, bereits als Samen in sich und umgekehrt (10 = 1 + 0 = 1).

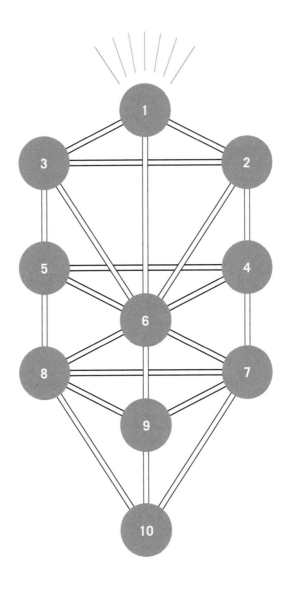

Abbildung: Der kabbalistische Lebensbaum

Die vier Asse repräsentieren die Wurzel des jeweiligen Elements. In den fernöstlichen Lehren entsprechen sie dem Scheitelchakra, einem Energiezentrum des Menschen *oberhalb* des Schädeldachs. Obwohl wir den Zugang des Elements in unser Energiefeld noch nicht bewusst wahrnehmen, findet dieser trotzdem statt. Jeder Same trägt das Konzept der fertigen Pflanze bereits in sich!

Die Zweier zeigen einen harmonischen Zustand der Energie an. Diese Station wird als spirituelle Ausrichtung bezeichnet. Wir erhalten die Möglichkeit der Orientierung.

Die Dreier wollen die Pole von Aktiv und Passiv verbinden. Der Ausgleich von Tun und Lassen, von Wachstum und Formgebung ist das Ziel der Dreierkarten.

Die Vierer zeigen den Eintritt eines Elements in die materielle Wahrnehmung an, das Element offenbart sich unseren Sinnen. Unser Ego bringt naturgemäß das Festhalten-wollen mit sich.

Die Fünfer stehen unter der Frequenz der Korrektur. Der irdische Wille wird freiwillig oder unfreiwillig in Einklang zum kosmischen Willen gebracht. Wir bekommen vorläufige Grenzen aufgesteckt, nicht zuletzt deswegen, weil es andere Zeitgenossen gibt, die ebenfalls ihre Ziele verfolgen, welche nicht unbedingt mit unseren eigenen Zielen übereinstimmen müssen.

Die Sechser zeigen an, dass der momentane Einklang hergestellt ist und wir eine Ruhepause erhalten. Doch darf diese Ruhe nicht in Trägheit umschlagen – alles fließt!

Die Siebener stehen in starkem Bezug zu unserer Gefühlswelt, die unserem Leben Fruchtbarkeit und Würze verleiht, in der wir uns aber auch verlieren könnten.

Die Achter korrespondieren mit unserem Verstand, der Ordnung und Strategie in unsere Angelegenheiten bringen sollte, jedoch keine Erstarrung.

Die Neuner stehen kurz vor dem Eintritt der Energie in unsere materielle Welt. In den Neunern wird das Fundament gelegt. Wir erhalten die Basis für greifbare Aktivitäten.

Die Zehner zeigen ein vorläufiges Resultat an, auf dem wir uns erneut ausruhen wollen, was jedoch auf Dauer nicht möglich sein wird – ein neues Ass wird geboren werden.

DIE SERIE DER STÄBE

Die Karten der Stäbe-Serie sind dem Element Feuer zugeordnet. Das Feuer symbolisiert unsere Willenskräfte auf den unterschiedlichsten Ebenen. Die Feuerenergie trägt in sich die Eigenschaft der Expansion, der Ausbreitung. Feuer ist ein dynamisches, aktives und hungriges Element. In seiner pervertierten, destruktiven Form kann es sich als Aggression, als Gewalt offenbaren, also zerstörerisch auswirken. Doch können Sie in der Natur beobachten, dass abgebrannte Erde nach einiger Zeit besonders fruchtbare Erde sein wird. In seiner gesunden und konstruktiven Form ist das Feuer unsere Offensivkraft, die uns stets vorantreibt, um neue Bereiche kennenzulernen und zu integrieren. Das Element Feuer trägt in sich die Zeugungskraft, die unser aller Überleben sicherstellt. Das Feuer kann uns läutern und es äußert sich als Impuls, als Willensimpuls. Wenn wir unseren Willen mit Gewalt und ohne Rücksicht durchsetzen wollen, müssen wir, bisweilen sehr schmerzhaft, ausgebremst werden. Deswegen sollten wir frühzeitig herausfinden, warum sich Widerstände in unserem Leben ereignen, und wir unseren Willen nicht fruchtbar umsetzen können.

Wenn wir die Energie des Willens auf ihren Ursprung hin untersuchen, werden wir zwei grundlegende Wurzeln und Antriebsquellen finden. Einerseits verfügt der Mensch über den elementaren Trieb zur Nahrungssuche und zur Fortpflanzung. Diese Motivation, die uns nicht im geringsten von der Tierwelt unterscheidet, hat uns das Überleben auf diesem Planeten überhaupt erst ermöglicht und wird dies auch weiterhin tun. Unser aller Überlebenstrieb wird als der irdische Wille bezeichnet.

Andererseits befindet sich der Mensch der Gegenwart auf einem Evolutionsstand, der ihn insofern vom Tier unterscheiden sollte, dass er sich als spirituelles Wesen, als Teil des Kosmos begreift. Das tiefe Wissen unserer kosmischen Herkunft verleiht dem Menschen den Antrieb, dass er nach seiner Vergangenheit und Abstammung forscht, Kunstwerke erschafft und seine Gebete an eine Macht richtet, die er als stärker als sich selbst einstuft. Die Auswirkungen dieser Höheren Macht bezeichnet man als den kosmischen Willen. Dieser weiß, dass wir Teil des Ganzen sind, denn wir sind in allem und alles ist in uns. Unsere unsterbliche Seele, unser Wesen, ist sich unserer kosmischen Herkunft und der Verbindung mit dem Universum jederzeit bewusst. Unsere Seele hat das Bestreben und drängt danach, den kosmischen Willen zu erkennen und zu vollziehen, uns als Teil des Ganzen zu begreifen und unseren irdischen Willen in diesem Sinne einzusetzen. Doch befindet sich der irdische, menschliche Wille häufig im Widerstreit mit dem kosmischen Willen. Die Übermacht unseres Ego geht so weit, dass wir Kriege führen und rücksichtslos die Natur ausrauben im Glauben, auf diese Weise unser Überleben weiterhin sicherzustellen. In diesem Sinne sind wir symbolisch aus der Einheit herausgefallen und begreifen uns nicht mehr als Teil der Natur, des Kosmos. Als menschliche Wesen sind wir jedoch dazu fähig, den kosmischen Willen zu erkennen und uns mit diesem bewusst wieder zu verbinden (religio). In extremen Notsituationen beispielsweise können wir beobachten, dass sich Menschen selbstlos in Lebensgefahr bringen, um anderen Menschen zu helfen. Auch wenn es nicht immer diesen Eindruck erweckt, ist der Mensch zu Aktionen der selbstlosen Liebe durchaus fähig, denn die stärkste Kraft, der stärkste Willen im Universum ist die Liebe.

Ziel der menschlichen Evolution sollte es sein, den irdischen Willen in Einklang mit dem kosmischen Willen zu bringen, um uns diesem bewusst anzupassen. Dies bedeutet keineswegs, dass wir unseren irdischen Willen aufgeben sollten, doch sollte dieser an den Platz verwiesen werden, der ihm zusteht. Hindernisse und Widerstände entstehen letztlich immer dann, wenn das Ich stärker sein will als das Selbst, unser Wesen. Widerstände, erzeugt durch den übermäßigen Einsatz unseres irdischen Willens, lassen sich auflösen, indem wir den kosmischen Willen bewusst erkennen und die Kräfte unseres Ego transformieren. Durch die Stäbe-Karten des Tarot erfahren wir, inwieweit wir uns im Einklang mit unserem Höheren Selbst befinden.

Die Farbzuordnung des Crowley-Tarot zum Feuerelement ist das Orange in allen seinen gelblichen (Gelb ist der geistige, höhere Wille, die göttliche Intelligenz) und rötlichen (Rot ist unsere Triebkraft) Facetten. Entfacht wird das Feuer durch das Element Luft, welches bewirken kann, dass aus Glut oder einem Funken ein Flächenbrand entsteht (das Feuer der Liebe ist entfacht, mein Herz brennt, ich brenne vor Sehnsucht). Aufgefangen, geformt und ergänzt wird das Feuer durch das Element Wasser. Dieses Element ist in der Lage, dem Feuer die richtige Bahn und Dosierung (Kelche) zu geben. Allerdings ist Wasser auch fähig, das Feuer zu löschen. So ist es beispielsweise möglich, dass uns die falsche Liebe unsere gesamte Energie raubt und unser Feuer erstickt.

ASS DER STÄBE

KURZFORMEL: Starke Kräfte
des Wollens regen sich

Das Ass der Stäbe symbolisiert den Willen in seinem ursprünglichsten Rohzustand. Die feurige Keule ist ungebändigt und wild. Wir sind noch nicht in der Lage, unsere neuen Willenskräfte gezielt einzusetzen, weil diese mächtige Kraft größtenteils noch in unserem Unbewussten angesiedelt ist. Wir erleben gerade den Funken und die Glut der feurigen Urenergie, die aus den Reibungskräften der inneren Unruhe heraus entsteht.

Wir fühlen uns im Zuge dieses Prozesses tatsächlich meist sehr unruhig, doch die Chance, unseren Willen zu bündeln, zu formulieren und auch konzentriert einzusetzen, wird nicht mehr allzu lange auf sich warten lassen. Die Kraft in uns wächst immer mehr, und wir werden in unserer befragten Sache bald die Initiative ergreifen können, wo auch immer diese für uns ansteht. Wir befreien uns von Blockaden und dies kann mitunter sehr wuchtig, ja sogar unkontrolliert geschehen. Deshalb sollten wir darauf achten, keinen Rund-Umschlag zu veranstalten, der zu Destruktivität und Zerstörung führen würde. Wir sollten unsere Risikobereitschaft nicht übertreiben und uns während der nächsten Zeit keinesfalls vom Übermut leiten lassen. Das heißt, dass wir unsere Risiken so weit kalkulierbar halten sollten, dass kein Schaden für uns und andere angerichtet wird.

Der Moment, wenn der Zündholzkopf sich nach der Reibung am Schwefelblättchen entzündet, entspricht dem Ass der Stäbe und auch hier wird die Stichflamme erst noch am Holz Halt und Nahrung finden müssen, um das entstandene Feuer seinem Zweck zuzuführen. Genießen Sie das Gefühl der Kraft und Wucht immer bewusster in sich und finden Sie dann geeignete Maßnahmen und Ziele, um Ihren Offensivdrang sinnvoll umzusetzen. Befreien Sie sich von Situationen oder Personen, die Sie einengen. Werden Sie sich klar darüber, was genau Sie am Ausleben Ihrer Lebenskraft hindern könnte. Lassen Sie sich nicht von Menschen klein halten, die Ihnen zu wenig zutrauen. Seien Sie sich bewusst darüber, dass äußere Blockaden stets die Widerspiegelung Ihrer inneren Hindernisse zum Ausdruck bringen wollen. Das Ass der Stäbe ist die große Gelegenheit, einengende Grenzen zu sprengen. Welchen »zündenden« Impulsen wollen Sie Form verleihen?

> **ICH:** Ich fühle starke Kräfte in mir erwachen, für die ich noch kein konkretes Ziel gefunden habe. Ich denke, dass ich Einiges klarstellen und bereinigen muss, bevor ich meiner Kraft eine bestimmte Richtung geben werde.
>
> **DU:** Lange genug habe ich gezögert, meine Meinung konsequent zu vertreten. In Zukunft werde ich keine falschen Rücksichten mehr nehmen. Versuche nicht, mich unter Druck zu setzen.

ZWEI DER STÄBE
HERRSCHAFT
KURZFORMEL: Beherrsche Dich, denn dies sind die Spielregeln

Wenn wir die Botschaft der Zwei der Stäbe beherzigen, werden wir unsere Zielsetzung immer deutlicher erkennen und dieses Ziel dann auch mit Sicherheit erreichen, sofern wir nicht durch unkontrolliertes und unbeherrschtes Verhalten alles über den Haufen werfen werden. Wir befinden uns in der Entschlussphase. Wir finden unsere Ausrichtung und sind dabei, unser Ziel immer konkreter zu fixieren.

Mars in seinem Heimatzeichen Widder ist eine unglaublich starke Kraft, die schnell in Streitlust oder Rivalitätsverhalten ausufern könnte. Unsere Entschlussfreude und unsere Dynamik schreien nach Herausforderungen. Wir wollen Neuland erobern und dieses unserem Herrschaftsbereich hinzufügen, wenn es sein muss, mit Gewalt. Kraftpotential, das wir lange unter Kontrolle gehalten hatten, kommt jetzt hoch und diese Emotionen könnten uns die Kontrolle verlieren lassen. Die tibetischen Kriegsdolche im Bild werden von Schlangen gekrönt, deren Biss tödlich sein kann. Die Karte stellt die große Chance dar, unser Offensivpotential zu entdecken und es in unseren inneren Reichtum zu integrieren. Doch keine faulen Kompromisse einzugehen, muss nicht Kompromisslosigkeit bedeuten, und gesunder Egoismus muss nicht automatisch in brutale Rücksichtslosigkeit oder gar Gewalt ausarten.

Deshalb sind die zwei feurigen Elementarwaffen (Dorjes = Donnerkeile) gekreuzt und finden sich im Zentrum. Sie unterstützen sich gegenseitig und fordern uns auf zu Konzentration und Zentrierung. »Beherrsche Dich«, lautet die Vorgabe. Wir sollten unseren Standpunkt auf jeden Fall beibehalten. Doch jetzt ist die Zeit der Sammlung und der Konzentration auf Ziele, die sich immer konkreter abzeichnen werden. Noch hat der Pfeil unseres Willens den Bogen nicht verlassen und je näher wir die Sehne zu uns heranziehen, umso effektiver und gezielter wird der Flug sein. Geladen ist ein Stichwort der Zwei Stäbe und es liegt an uns, ob wir die geladene Stimmung, die durch diese Karte aufgezeigt wird, als positive oder negative Entladung freisetzen werden – wenn die Zeit reif ist.

ICH: Noch sammle ich meine Kräfte, auch wenn ich immer ungeduldiger werde und mich kaum noch beherrschen kann.
DU: Wir müssen wohl einen Schritt zurücktreten, um den Anlauf zu vergrößern. Mach Dich bereit für den Startschuss!

DREI DER STÄBE
TUGEND
KURZFORMEL: Die Knospen werden sich öffnen, wenn ihre Zeit gekommen ist

Der Pfeil unserer Absicht hat den Bogen verlassen und befindet sich auf dem Weg zum Ziel. Es ist die Zeit des Abwartens, denn alle notwendigen Vorbereitungen sind erledigt. Haben wir im Vorfeld unser Bestes gegeben? Haben wir den Samen gut versorgt? Wenn wir uns diese Fragen mit einem ehrlichen »Ja« beantworten können, dann dürfen wir voller Zuversicht darauf vertrauen, dass sich alles zur rechten Zeit (alle Dreier sind kabbalistisch dem Planeten Saturn, dem Herrscher der Zeit, zugeordnet) entfalten wird.

Das Ziehen der Karte zeigt an, dass Zweifel zum jetzigen Zeitpunkt unangebracht sind und unsere Sache nur unnötig gefährden würden. Auch zusätzliche Aktivitäten in unserer Angelegenheit sind in der momentanen Entwicklungsphase überflüssig. Es gilt, unsere Sache aufmerksam im Auge zu behalten und weiterhin zu tun, was die Situation erfordert. Man kann vertrauensvoll und integer zu dem stehen, was man vorbereitet hat. Auf keinen Fall sollte man jetzt den Mut verlieren, nur weil man nicht alles sofort haben kann. Die Dinge stehen zum Besten. Der angefragte Neubeginn wird allerdings erst mittelfristig möglich sein, denn die äußeren Umstände lassen keine spontanen Ergebnisse zu. Wir sollten uns jetzt einerseits weder verbeißen, noch sollten wir andererseits unsere Beharrlichkeit aufgeben.

Die Widdersonne ist die kräftige Sonne des Frühlingsbeginns, die alles in der Natur zum Wachsen bringen wird, und darauf können wir vertrauen. Der Same bricht auf, und es dauert eine Weile, bis der Keimling für unsere Augen sichtbar sein wird. Jede Angelegenheit braucht ihre eigene Zeit, um sich entfalten zu können. Die Form der zukünftigen Pflanze ist im Samen bereits als Idee enthalten, und unser Baum braucht jetzt die nötigen Wurzeln, also Erdung, um die späteren Früchte tragen zu können und nicht bereits beim ersten Sturm umzuknicken. Sei geduldig (tugendhaft) und gib der Angelegenheit die Zeit, die sie benötigt, um sich zu entfalten.

ICH: Ich weiß, dass alles seine Zeit braucht und Geduld ein guter Ratgeber ist, doch das ist leichter gesagt als getan. Meine Sache wächst gerade heran, doch würde ich gerne bereits jetzt Ergebnisse sehen.
DU: Du darfst Dich nicht beirren lassen. Abgerechnet wird erst am Ende. Behalte den Weitblick und halte durch.

VIER DER STÄBE
VOLLENDUNG
KURZFORMEL: Volltreffer!

Die Karte sagt uns, dass ein Gleichgewicht der Kräfte erreicht wird, das zu Vereinigung und Vollständigkeit führt. Das Feuer unserer Kreativität entflammt, und unsere Gedankenkräfte sind effektiv und wirkungsvoll. Im Zuge der Vollendungskarte treffen unser Wille, mit dem wir gelernt haben, konstruktiv, geduldig und in der rechten Dosierung umzugehen und unser Gefühlsleben harmonisch aufeinander. Die Elemente Feuer und Wasser verbinden sich zu unserem Vorteil und unterstützen sich gegenseitig. Wir erhalten Zentrierung und verfügen über eine

Stärke, die sich als »stille Kraft« umschreiben lässt. Im Zuge der Vier der Stäbe ist es möglich, dass wir Gelegenheiten erhalten, die unsere bisherigen Vorstellungen weit übertreffen. Diese neuen Möglichkeiten sollten wir dann natürlich ohne Zögern ergreifen.

Sei es nun innerlich oder äußerlich, wir treffen auf ein Gegenüber, das uns ergänzt und den Zustand der Harmonie und Lebendigkeit ins Leben ruft. Die Zahl 4 steht kabbalistisch für den energetischen Durchstoß in die materielle Wahrnehmung, sodass wir greifbare Resultate erzielen werden. Wir befinden uns auf einem Weg, den unser Herz wählt, und die Überwindung ehemaliger Widerstände und Hindernisse zahlt sich nun ebenso aus wie die Geduld, in der wir uns in der Vergangenheit wahrscheinlich üben mussten. Aus dieser Position heraus können wir uns darüber klar werden, welche neuen, meist zusätzlichen Ziele wir ins Auge fassen können und wie wir unsere derzeitigen Lebensumstände verbessern wollen, denn wir agieren von einer soliden Basis aus. Projekte, die wir aus der Frequenz der Vier Stäbe heraus in Angriff nehmen, werden erfolgreich verlaufen. Versalzen können wir uns die Suppe lediglich durch grobe Fahrlässigkeit, Themaverfehlung oder Größenwahn.

ICH: Lange genug habe ich auf eine günstige Gelegenheit gewartet. Ich bin bereit und will nicht länger zögern, denn jetzt ist ein Volltreffer möglich.

DU: Ich will diese große Chance nicht verpassen; wenn Du mitspielst, können wir einen großen Schritt vorwärts gehen.

FÜNF DER STÄBE
STREBEN

KURZFORMEL: Du verschwendest
unnötige Energie – halt inne

Zu einer bestimmten Phase unserer Unternehmungen stoßen wir immer an unsere vorläufigen Grenzen. Oft geschieht dies lediglich deshalb, weil sich andere Zeitgenossen ebenfalls gerne erweitern wollen und man sich gegenseitig in die Quere kommt. Eine solche Situation erzeugt Spannung, Konflikt, oftmals auch Streit. Wir wollen diese Wachstumsgrenzen in aller Regel nicht widerspruchslos hinnehmen. Häufig verstärken wir unsere Bemühungen und setzen viel Kraft ein, um den Zustand der Erweiterung beizubehalten, doch dies widerspricht unserer vorgegebenen Zeitspur.

Die beiden Phönixköpfe an den Stäbespitzen blicken voneinander weg, was symbolisiert, dass gerade keine Übereinstimmung erzielt werden kann, wenn wir unsere Haltung beibehalten. Für den Moment ist eine weitere Expansion nicht möglich. Wir sind gezwungen, unser Verhältnis zur Umwelt zu überdenken, zu klären und nötigenfalls zu korrigieren. Wenn wir jetzt zusätzliche Kräfte in die Angelegenheit investieren, ähnelt dies dem Verhalten des Hamsters im Laufrad, der sich bis zur Erschöpfung anstrengt, jedoch nicht vom Fleck kommt.

Klüger wäre jetzt, aus dem Laufrad auszusteigen, und in Ruhe um sich zu blicken. Den Ratschlag der Fünf der Stäbe zu beherzigen, wird uns viel Zeit, Nerven und Energie sparen. Verbitterung oder gar Resignation wären jetzt Zustände, die wir uns selbst künstlich aufpfropfen, weil uns die erforderliche Gelassenheit fehlt. Die ganze Angelegenheit zur Abwechslung einmal aus der Vogelperspektive zu betrachten, wäre jetzt ebenso sinnvoll, wie sich etwas Gutes zu tun und sich etwas zu gönnen – schätzungsweise hat man sich das im Vorfeld auch längst verdient. »Ein Jäger weiß, dass er wartet, und er weiß, worauf er wartet. Während er wartet, labt er seine Augen an der Welt« (Carlos Castaneda). Dass die angefragte Angelegenheit im Grunde gar nicht so schlecht steht, zeigen die Flammen, die hinter den Stäben züngeln; die Kurzdeutung der Karte lautet: Sache gut, Zeitpunkt zu früh! Das Erreichte abzusichern und darauf zu warten, wann sich der angestaute Fluss der Energie wieder in Bewegung setzen und sich ausdrücken darf, ist die Botschaft der Strebenskarte. Also warum nicht unsere Augen an der Welt laben ...

ICH: Ich bin der Meinung, dass wir beide im gleichen Boot sitzen. Doch in diesem Boot bin ich am Rudern, während Du den Fahrgast spielst.

DU: Eine kleine Verschnaufpause würde uns wahrlich gut tun. Ich möchte mir gerne mal in Ruhe einen Überblick verschaffen. Ehrlich gesagt, fängst Du an, mich mit Deiner Hektik zu nerven.

SECHS DER STÄBE
SIEG
KURZFORMEL: Die Flammen brennen wieder und das Gitter schmilzt

Alle vier Sechser der kleinen Arkanen haben mit Zentrierung zu tun. Wir haben den Ausgleich und die Synthese der unterschiedlichen Kräfte in dieser zentralen Position des Lebensbaumes erreicht. Wir werden in die Lage versetzt, kosmische Energie herunter zu transformieren und diese harmonisch mit unseren irdischen Willenskräften zu verbinden.

Oben und Unten finden reibungslos zueinander und ergänzen sich gegenseitig. Die Phönixköpfe der beiden Stabspitzen, die in den Fünf Stäben noch in verschiedene Richtungen gezeigt hatten, blicken jetzt einander ins Gesicht, was bedeutet, dass unsere Willenskräfte konzentriert und gebündelt sind. Aus dieser Zentrierung heraus können wir unsere Angelegenheit verbessern und haben zudem die Chance, neue Projekte anzugehen – die nötigen Mühen sind überwunden und die Flammen brennen wieder!

Wir bekommen oft völlig überraschend eine Hand gereicht, eine Brücke gebaut, mit der wir nicht gerechnet hatten. Hilfreiche Kräfte, die bislang außerhalb unseres Vorstellungsrahmens angesiedelt waren, verleihen unserem Vorhaben zusätzlichen Rückenwind. Wir stellen fest, dass sich der Aufwand, den wir in der befragten Angelegenheit unternommen haben, jetzt auszahlt und dass wir zu Recht die Früchte unserer geleisteten Arbeit einfahren dürfen. Diese beinhalten zugleich die Samen, die wir bald setzen können, um auch die nächste Ernte sicher zu stellen. Bei materiellen Gewinnen ist anzuraten, einen Teil unseres Wohlstandes sinnvoll abzugeben, damit diese positive Energie auch weiterhin am Fließen bleiben kann. Dies sollte sie auch, denn neue Visionen beflügeln uns. Wir erweitern unseren Rahmen und stecken uns völlig zurecht größere und höhere Ziele als zuvor.

Die Energie, die wir in den Fünf Stäben – hoffentlich – nicht sinnlos verschleudert haben, darf sich jetzt wieder entfalten und wir sind voller Optimismus und Lebensmut. Vielleicht mussten wir uns selbst überwinden, um an diesen Punkt zu gelangen. Doch unser Kraftakt hat sich rentiert, denn das Resultat stellt sich nun unverhofft und mühelos ein. Wir sollten uns jetzt nicht fragen, ob wir diesen Erfolg auch tatsächlich wert sind, denn dies alles stellt ein Produkt unserer vollzogenen Entwicklung dar. Unsere Gelegenheiten der Vergangenheit haben wir konstruktiv genutzt und erhalten jetzt unsere wohlverdienten Früchte. »Pack´ Deine Chance beim Schopf«, ist die Siegesbotschaft der Sechs Stäbe!

ICH: Ich habe mich von ganzem Herzen angestrengt und wahrlich mein Bestes gegeben. Das Ergebnis kann sich hoffentlich sehen lassen.

DU: Am besten, Du drehst jetzt erstmal eine Ehrenrunde und feierst Deinen Sieg.

SIEBEN DER STÄBE
TAPFERKEIT
KURZFORMEL: Während der Jagd denkt man besser nicht ans gemütliche Zuhause!

Die astrologische Konstellation Mars in Löwe der Karte ist von Natur aus eine äußerst feurige und auch leicht reizbare, die keinem Kampf aus dem Wege gehen will. Unsere derzeitige Energie benötigt unbedingt einen sinnvollen Kanal, sonst kocht die Situation über, wir verlieren unser wahres Ziel aus den Augen und kämpfen lediglich nur noch um des Kämpfens willen.

Um die befragte Situation zu meistern, ist es nötig, dass wir uns nicht im geringsten von unserer Zielsetzung ablenken lassen, sondern all unsere Erfahrung anwenden und hoch konzentriert zu uns selbst stehen. Trotzdem ist der Ausgang unserer Angelegenheit ungewiss, denn die Versuchung, dass wir aus der falschen Motivation heraus handeln, ist äußerst groß. Nur ein verwegener und überraschender Handstreich kann die Situation retten, und sowohl unsere Raffinesse als auch unsere Beharrlichkeit sind gefragt (die Schlacht des Bauern auf dem Schachbrett). Wenn wir jetzt den Überblick verlieren, wird uns die Lage aus den Händen gleiten und ausufern. Unsere unkontrollierte, sich verselbständigende Willenskraft würde sich immer mehr in eine Stimmung hineinsteigern, aus der heraus wir nur noch deswegen (weiter-)kämpfen, weil es uns um Profilierung und Eigendünkel geht. Wenn wir jedoch alle vorhandenen Energien sammeln und diese auf das realistische, wahrlich erstrebenswerte Ziel vereinen, könnte ein Quäntchen Chance für uns bestehen. Wir sollten genau untersuchen, ob es uns lediglich darum geht, uns selbst oder jemand anderem etwas zu beweisen. Nur wenn wir unsere Motivation genau kennen und wissen, dass wir von unserer Sache aus tiefstem Herzen überzeugt sind, wird sich unser Einsatz lohnen. Dann allerdings sind wir aufgefordert, uns voll und ganz für das erstrebte Ziel einzusetzen. Unaufmerksame Halbherzigkeit wird uns mit Sicherheit scheitern lassen.

Wenn wir bereit sind, die Möglichkeit einer Niederlage von Anfang an einzukalkulieren und mit in Kauf zu nehmen, wenn uns die angefragte Sache dies alles wert ist, sollten wir das Risiko eingehen. Kampfeserfahren macht uns die Sieben der Stäbe allemal.

ICH: Ich glaube fast, dass ich mich da in etwas verrannt habe. Nimm meine Ausbrüche bitte nicht allzu ernst – ich meine nicht Dich persönlich.
DU: Manchmal muss ich mich messen, nur um mir selbst zu beweisen, dass ich etwas wert bin.

ACHT DER STÄBE
SCHNELLIGKEIT
KURZFORMEL: Energie fließt –
Kontakt erzeugt Strom

Austausch in jeder Art ist nun förderlich für unsere Angelegenheit. Wir sollten aufgeschlossen und empfänglich sein für alle Botschaften oder Informationen, die wir jetzt erhalten. Außerdem sollten wir jede sich bietende Gelegenheit nützen, um offen auszudrücken, was gerade ansteht. Dabei sollten wir unsere Kommunikation keinesfalls druckvoll oder analytisch, sondern mit der gebotenen Leichtigkeit praktizieren. Durch »Abtasten« der Stimmungslage erhalten wir Klarheit.

Wenn wir diese Karte ziehen, ist vor allem unsere Flexibilität gefragt. Doch wir sind momentan durchaus in der Lage, uns geistig schnell und beweglich zu verhalten. Vor allem ist es uns gerade möglich, eingefahrene Denkmuster ohne Gewalt loszuwerden, sozusagen durch Wärme (Stäbe) aufzulösen. Dies geschieht durch kreative Kommunikation und öffnet uns neue Wege, die zu schnellen Problemlösungen führen werden. Neue Beziehungen – oftmals geschäftlicher Natur – können entstehen, was sich natürlich positiv auf unsere Sache auswirken wird.

Wichtig ist, dass wir unseren Gedankenblitzen Form verleihen und diese in geordnete Bahnen lenken. Durch gezieltes Einsetzen der Energie unserer Gedanken und Worte können wir jetzt den Prozess der Kristallisierung einleiten, das greifbare Ergebnis wächst stetig heran. Sie sollten darauf achten, was Sie jetzt denken und sprechen, denn Sie wollen natürlich, dass dieses Ergebnis auch konkret Ihren Wünschen entspricht. Und genau deshalb ist es für uns von ausschlaggebender Bedeutung, welche unserer Gedanken wir bewusst mit Energie aufladen. Eine Information wie ein Telephonat, E-mail, Brief oder ähnliches kann sich gerade auf dem Weg zu uns befinden, wir werden bald die Informationen erhalten, die wir für unsere Angelegenheit benötigen. Wenn sie auf den entsprechenden Positionen innerhalb der Legesysteme liegt, kündigt die Karte prinzipiell ein schnelles Eintreffen unserer Sache an.

ICH: Ich will jetzt keine tief schürfenden Diskussionen über den Sinn des Daseins führen, sondern einfach nur nette Unterhaltung.

DU: Was ich unbedingt brauche, ist Bewegung. Begegne mir mit der erforderlichen Flexibilität, und alles ergibt sich von selbst.

NEUN DER STÄBE
STÄRKE

KURZFORMEL: Die Aufgabe ist nicht leicht,
doch Du hast alles, was Du brauchst

Wir sehen nicht nur auf der Spitze des zentralen Stabes die Sonne, die
für unser Tagesbewusstsein steht, sondern am unteren Stabende auch
den Mond, der unsere unbewussten Bereiche symbolisiert. Für unser Anliegen bedeutet dies, dass wir unserer eigenen Stärke in allen Bereichen
vertrauen dürfen. Durch unser Selbstvertrauen setzen wir zusätzliches
Energiepotential frei. Bislang unbewusste Kräfte kommen ans Tageslicht
(Sonne) und geraten in Einklang mit unseren bereits vorhandenen Möglichkeiten. Wir können unsere Sache mit Kraft und Stärke voranbringen.
Die Karte ist keine Aufforderung an unsere Geduld, sondern der Hinweis
auf konzentriertes und aktives Vorgehen. Falsche Rücksicht würde uns
jetzt lediglich behindern. Wir sind bereit für große Herausforderungen,
für die wir unsere gesamte Willensenergie benötigen werden – es geht
ums Ganze!

Die erdige Potenz der Stärkekarte äußert sich häufig durch unsere
Triebkraft – die Neun der Stäbe ist die stärkste Sexualkarte des gesamten Decks. Wenn die Karte in Liebesangelegenheiten gezogen wird, zeigt
sie, insbesondere in Verbindung mit Arkanum XI, Lust, häufig Sexualkon-
takt an, der aber nicht unbedingt auf die »Große Liebe« hindeuten muss.
Es handelt es sich hier nicht um ein einfühlsames, sensibles Liebesspiel,
sondern um einen kraftvollen, körperbetonten Liebestanz.

Wir sollten jedenfalls unbedingt unser schäumendes Potential auslo-
ten, um dann aktiv und konzentriert zur Tat zu schreiten. Träume

(Mond) können Wirklichkeit werden. Wir verspüren eine ungeheure Antriebskraft und Zweifel durch zu langes Nachdenken sind ebenso fehl am Platz wie zögerliches Verhalten. Das Ziehen der Neun der Stäbe besagt, dass unsere Chancen derzeit gut stehen, wir jedoch Initiative ergreifen und nicht lediglich darauf warten sollten, welche Entscheidung an anderer Stelle für uns getroffen wird. Die Kraft des Löwenzahns, der sich durch den Asphalt hindurch ans Licht arbeitet, ist eine treffende Analogie unserer derzeitigen Verfassung. Doch der Löwenzahn sollte jetzt keinesfalls zum Gänseblümchen oder Maulwurf mutieren – er muss auch weiterhin Löwenzahn bleiben und seiner Bestimmung folgen.

ICH: Mein Fahrstuhl fährt zurzeit nur in eine Richtung – aufwärts! Wenn ich aussteigen wollte, müsste ich springen, doch dazu sehe ich absolut keinen Grund.

DU: Das Tempo ist mir nicht zu schnell und ich strotze vor Kraft. Wir können jetzt keine angezogene Handbremse brauchen!

ZEHN DER STÄBE
UNTERDRÜCKUNG
KURZFORMEL: Öffne den Kanal und setze die blockierte Energie frei

Die Karte zeigt an, dass wir eigentlich bereit dazu wären, unser befragtes Vorhaben in die Tat umzusetzen. Doch in unserer Brust streiten zwei gleich starke Kräfte um die Vorherrschaft, was dazu führt, dass wir uns unfähig zu einer Handlung fühlen. Es muss zwar nicht unbedingt eine Depression sein, die in der Frequenz der Zehn der Stäbe stattfindet, doch unter starkem innerem Druck leiden wir allemal. Wir verfügen über genügend Energie, aber wir sind blockiert. Anstatt an uns selbst zu glauben und unsere wahre Größe zu leben, machen wir uns klein und trauen uns nichts zu. Wir wollen uns nicht mit ganzer Seele auf das Abenteuer des Lebens einlassen und wirklich etwas riskieren. Dadurch wird unser Verhalten starr, und wir fühlen uns überfordert. Ursache für unsere unterdrückten Lebensimpulse sind Verhaltensmuster, die aus der Vergangenheit stammen und in der Realität keinerlei Gültigkeit mehr besitzen.

Die Zehn Stäbe bieten uns die große Chance an, solche Gedankenmuster und Glaubenssätze zu erkennen und diese jetzt willentlich aktiv aufzulösen. Wir können einen bewussten Schritt über unseren alten Schatten gehen und somit auf der Handlungsebene die Beweisführung für die Ungültigkeit unserer überholten Glaubenssätze erhalten. Die Zehn der Stäbe ist keine Karte des Hinterfragens oder der gedanklichen Analyse, sondern die Aufforderung zu aktivem Handeln. Wagen Sie etwas! Die Angelegenheit muss in Wirklichkeit gar nicht so schlecht stehen, wie Sie vielleicht meinen. Geben Sie sich einen Ruck und riskieren Sie etwas! Gehen Sie einen ersten Schritt auf Ihre Ängste zu, gleichgültig, wie winzig dieser auch aussehen mag. Wann immer Sie etwas wagen, setzen Sie Energie in Bewegung. Der Flügelschlag eines Schmetterlings in China kann in Kalifornien einen Orkan auslösen.

Denken, beziehungsweise zer-denken Sie nicht so viel, sondern handeln Sie! Sie brauchen keine Angst vor Zurückweisung haben, denn nur, wenn man eine Sache ausprobiert hat, weiß man wirklich Bescheid. Auch scheinbare Misserfolge bringen uns letztlich weiter. Nur wenn man gar nichts tut, wächst der Druck. Geraten Sie in Bewegung – und zwar jetzt!

ICH: Was wir brauchen, ist ein gemeinsames Ziel. Im Grunde genommen berste ich vor Energie, doch so wie zurzeit vergeude ich nur meine Kraft.
DU: Wir ziehen beide am selben Strick – nur jeder an einem anderen Ende. Im Moment bewegt sich gar nichts.

DIE SERIE DER KELCHE

Die Karten der Kelche-Serie stehen mit dem Element Wasser in Verbindung. Ebenso wie das Feuer ist auch das Wasser ein reines, pures Element. Bisweilen wird es als das stärkste der vier Elemente bezeichnet. Circa drei Viertel der Erdoberfläche und ein ebenso hoher Anteil des menschlichen Körpers bestehen aus Wasser. Wasser ist ein aufnehmendes Element, das sich meistens beweglich verhält.

Das Element Wasser symbolisiert unsere Gefühle. Wie an der Form eines Kelches ersichtlich, sind unsere Gefühle eine Energie, die in vielen Aggregatzuständen in unserem Inneren ruht, und sich dort in ihrem natürlichen Behältnis befindet. Doch haben Gefühle eine sehr weit gefächerte Bandbreite und können sich in völlig unterschiedlichen Ausdrucksformen zeigen. In Bewegung geratene Gefühle, die wir nach außen bringen und die sich auf ein Ziel ausrichten, werden als Emotionen bezeichnet. Flutkatastrophen in der Natur führen uns vor Augen, welch gewaltige Kräfte freigesetzt werden können, wenn unsere Gefühle außer Kontrolle geraten. Gefühle, die außerhalb unseres Kraftpotentials ihre Eigendynamik entwickeln, können sehr schnell umschlagen und sich gegen uns richten, ähnlich wie der Geist, der aus seiner Flasche befreit wurde.

Sicherlich haben Sie schon häufig die Erfahrung gemacht, dass, wenn Sie im Einklang mit Ihren Gefühlen sind, dies eine positive Reaktion bei Ihren Mitmenschen zur Folge hat. Vieles gelingt uns dann wie von selbst, weil unsere Ausstrahlung frei und anregend wirkt. Sind unsere Gefühle jedoch in Disharmonie, geraten wir schnell außer uns oder können sogar »ertrinken«. Wir lösen uns dann entweder im wahrsten Sinne in Luft auf und verlieren den Boden unter den Füßen oder aber wir fühlen uns bewegungsunfähig und starr. Der freie Fluss unserer Gefühle ist für unser Wohlbefinden deshalb von ausschlaggebender Bedeutung.

Wasser, das sich in der Luft verflüchtigt, nehmen wir als Nebel oder Dunst, als Wolke wahr. Dieser angenehme Zustand unserer Gefühle hüllt uns dann regelrecht ein, kann uns durch seine Nicht-Greifbarkeit jedoch auch in die Irre führen und uns wie eine Fata Morgana Scheingefühle vorspiegeln. Andererseits bringt uns sehr feines Wasser in Kontakt mit unserer Intuition und Sensibilität (Sensitivität). Wenn dem Wasser das wärmende Feuer fehlt und statt dessen zu früh der Erdkontakt stattfindet, wird es zu Eis (meine Gefühle sind erkaltet, ich habe eisige Gefühle). Das Wasser ist in diesem Zustand zwar sehr fest und starr, doch kann es uns dann tragen. Feuer erhitzt das Wasser und verwandelt es zu heißem Dampf, der eine ungeheuer starke Kraft darstellt, welche man positiv wie auch negativ nutzen kann. Der Ehemann, der nach Hause kommt und seine Frau mit ihrem Liebhaber überrascht, könnte entsprechend »heiß« reagieren und Schaden anrichten, während die ertappte Ehefrau den »heißen« Liebhaber durchaus als angenehm empfand ... Die dem Wasser zugeordnete Farbe im Crowley-Tarot ist Blau.

ASS DER KELCHE
KURZFORMEL: Der Staudamm
der Gefühle wird durchlässig

Das Kelch-Ass ist eine Karte, die uns Hoffnung und Zuversicht machen will und uns sagt, dass wir unseren eingeschlagenen Weg weitergehen und dabei unbedingt unseren Gefühlen folgen sollten. Wie auch der Kelche-Prinz ist die Karte ein Vorbote der Liebe. Der Natur der Asse entsprechend ist uns der Durchbruch unserer Gefühle noch kaum bewusst, doch ist der emotionale Kontakt bereits energetisch hergestellt und entsprechender Austausch wird bald in unser Leben treten. Der Einklang von innen und außen kann in nicht allzu ferner Zukunft stattfinden.

Das Ass der Kelche wird gerne gezogen, wenn wir emotionale Durststrecken überwunden haben. Zeiten der Ohnmacht können ebenso hinter uns liegen wie auch Lebensabschnitte, in welchen wir im Alltag lediglich funktionierten und emotionslos erledigten, was halt zu erledigen war. Stets kündigt das Ass der Kelche an, dass wir uns bald wieder mit mehr Freude im Leben bewegen werden. Unsere Ausstrahlung wirkt wieder offener und zugleich stärker auf unser Umfeld, was natürlich Auswirkungen auf unsere – neuen – Kontakte haben wird. Unterstützen Sie diesen Prozess, indem Sie verstärkt für Ihr Wohlbefinden sorgen, tun Sie sich Gutes. Sie werden das angekündigte Fließen Ihrer Gefühle durch bewusste Aufenthalte am und im Wasser beschleunigen können, denn es ist das Wasserelement, welches sich in Ihrem System zurückmelden will. Bildlich gesprochen erscheinen im Staudamm jetzt Risse und Ihr Wasser wird sehr bald wieder frei fließen können.

Entscheidend ist, dass wir jetzt keine künstlichen Schutzmauern aufbauen. Das Kelch-Ass will das exakte Gegenteil von uns, nämlich die bedingungslose Öffnung unserer Gefühlswelt. Wir empfinden dieses Öffnen, insbesondere nach Trennungen, oftmals als Gefahr, denn den gleichen Schmerz wie in der Vergangenheit wollen wir natürlich nicht erneut erleben. Die Karte rät uns jedoch, trotz früherer Enttäuschungen in Kontakt mit unseren Gefühlen zu bleiben, denn der Lohn für unsere erlebten Erfahrungen ist nah. Der Weg der Echtheit und Authentizität wird sich auszahlen.

ICH: Noch bin ich mir nicht ganz sicher, doch es könnte sein, dass ich Schmetterlinge im Bauch spüre.

DU: Lange werde ich mich nicht mehr zurückhalten können, denn meine Gefühle werden immer stärker.

ZWEI DER KELCHE
LIEBE

KURZFORMEL: Das geliebte Gegenüber
ist erblickt und die Nerven vibrieren

Den noch sehr zarten Zustand der Zwei der Kelche kann man als warmen Dunst der Gefühle bezeichnen. Wir sind verliebt in das Leben und handhaben unseren Alltag mit Leichtigkeit. Da die Karte häufig im Vorfeld anstehender Liebesbeziehungen auftritt, könnten sich unsere sensiblen Antennchen durchaus auch auf eine konkrete Person ausrichten. In diesem Fall ist von herausragender Bedeutung, dass wir uns keinesfalls von den Reaktionen dieser Person abhängig machen werden, denn es wäre schade, wenn unsere gehobene Seelenlage in Liebeskummer umschlagen würde, nur weil wir uns fixieren. Statt dessen sollten wir unsere positive Stimmung voll und ganz ausleben, günstige Auswirkungen auf unsere Umwelt hat unsere derzeitige Ausstrahlung allemal.

Es muss nicht immer eine zukünftige Partnerschaft sein – wir lieben nicht nur unsere Partner –, die uns von den Zwei Kelchen angezeigt werden, doch häufig ist dies der Fall. »Spirituelle Absicht der Gefühle« lautet eine kabbalistische Kurzformel der Karte. In jedem Fall stehen interessante und liebevolle Begegnungen der Seelen an. Der Kontakt zum Selbst hat stattgefunden und wenn wir uns in der Tiefe auf uns selbst eingelassen haben, wird sich dies nach dem Resonanzgesetz auch in unserer Außenwelt niederschlagen. Venus, der Planet der Zuneigung und Ästhetik, fühlt sich im gefühlvollen und sensiblen Krebszeichen sicher und geborgen.

Liebe ist die stärkste Kraft im Universum und was uns von ihr trennt, sind lediglich unsere tief verankerten Ängste. Das Wasser in den Zwei

Kelchen ist in der Lage, jedes trennende Hindernis zu durchdringen und aufzulösen. Die Konsequenz davon ist, dass wir liebevolle und sympathische Kontakte herstellen können, in denen wir uns auf hohem Niveau verstanden und angenommen fühlen. Unseren üblichen Beschäftigungen gehen wir mit mehr Hingabe nach als gewöhnlich. Vieles gelingt uns mühelos und fließend. »Prickelnde« Gefühle begleiten uns, und wir gehen voller Zuversicht mit unseren täglichen Herausforderungen um. Dazu haben wir auch allen Grund. Denn wenn wir die Aufgabe lösen und uns jetzt nicht davon abhängig machen, ob unsere Gefühle im Außen bereits erwidert werden, steuern wir auf angenehme und verliebte Zeiten zu.

ICH: Meine Nerven vibrieren, und die Welt erscheint mir viel heller und freundlicher als sonst. Meine Lebendigkeit ist erwacht und ich habe viel zu geben.

DU: Ich bin bereit, meine Gefühle zu zeigen.

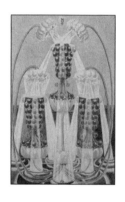

DREI DER KELCHE
FÜLLE

KURZFORMEL: Die Nerven des Gegenüber vibrieren ebenfalls

Mit den Drei Kelchen treffen wir auf die Beziehungskarte schlechthin. Um welche Form der Partnerschaft es sich beim Auslegen der Karte konkret handelt, hängt von der Fragestellung ab. Doch stets ist eine Begegnung angesprochen, in welcher die Gefühle frei fließen werden und die Herzlichkeit im Vordergrund steht. Sollte die Auslage der Drei der Kelche von Arkanum XIX, *Die Sonne,* ergänzt werden, ist dies ein sicherer Hinweis auf eine partnerschaftliche Beziehung, in der liebevolle Energie ausgetausch wird. Erstarrung gibt es momentan keine und unsere Empfindungen sind im Fluss der Leichtigkeit. Tiefe gegenseitige Berührung mit der Außenwelt, mit dem Du, findet statt. Wir finden erfüllenden und fruchtbaren Austausch und gehen die Verbindung ein, nach der wir uns gesehnt haben. Dies gilt für unsere Umgebung ganz allgemein und für das, was wir mit dem Thema Liebe in Verbindung bringen, speziell.

Es ist wichtig, dass wir einander mit Würde und gegenseitiger Achtung begegnen. Dies sind Werte, die in der Frequenz der Füllekarte von uns erwartet werden. Wir sollten stets aufmerksam beobachten, ob wir uns an diese zwischenmenschlichen Grundvoraussetzungen halten. Wir machen uns für den Moment verletzbar, weil wir bereit dafür sind, uns zu öffnen und mit unseren wahren, unverfälschten Gefühlen nach außen zu treten. Wunden, die wir uns in der Vergangenheit haben zufügen lassen, können ohne jede Anstrengung geheilt werden, einfach dadurch, dass wir sie tatsächlich als vergangen erkennen. Schutzverhalten oder übertriebene Vorsicht sind jetzt nicht angebracht. Unser Gegenüber ist für die tiefe Verbindung genauso offen und bereit wie wir. Für den Moment ist es nicht nötig, irgendeinen Gefühlsaustausch zu suchen, denn wir haben ihn bereits gefunden.

In Verbindung mit Arkanum III, *Die Kaiserin,* und/oder der Prinzessin der Scheiben kann das großzügige Fließen der Füllekarte nicht nur Partnerschaft, ja sogar Eheschließung ankündigen, auch Nachwuchs, der ins Haus steht, ist möglich.

ICH: Meine Gefühle fließen gerade über. Ich bin leicht und frei. Mein Herz ist offen.

DU: Du benötigst mir gegenüber keinen Schutz, denn die einzige Frage für mich lautet: Was wird die Liebe jetzt tun?

VIER DER KELCHE
ÜPPIGKEIT
KURZFORMEL: Pass auf, dass
das Gute nicht zuviel wird

Die Üppigkeits- oder auch Überdrusskarte sagt uns in erster Linie, dass die Stabilität der Gefühle momentan erreicht ist, doch spricht die Vier der Kelche auch eine deutliche Warnung aus. Sie sehen den grauen Hintergrund. Die Stimmung der Karte erinnert an die Zusammenballung der Wolken vor einem Unwetter. Die Bewegung, das Kräuseln der Wasseroberfläche zeigt für unsere Situation an, dass sich unser Gefühlsleben entweder beruhigen und zum Stillstand kommen oder erneut in reinigendes Fließen geraten wird – dauerhaft in seiner gegenwärtigen Qualität verbleiben wird unsere Sache jedoch ganz sicher nicht.

Die momentane Gefühlslage wird sich auf Dauer nicht aufrechterhalten lassen und stehendes Wasser kippt irgendwann einmal um. Es wird träge und tot, wenn nicht für seine ständige Erneuerung gesorgt wird. Die Gefahr alter Gewohnheit und Routine liegt in der Luft. Die Aufforderung der Vier der Kelche lautet deshalb, dass unbedingt neuer Schwung in unser Gefühlsleben kommen sollte. Natürlich birgt eine solche Aufforderung auch Unsicherheit in sich, doch auf die fällige Erneuerung sollten wir uns jetzt in jedem Fall einlassen, sonst werden wir uns bald eingeengt fühlen und uns der Außenwelt gegenüber kontrollierend und Besitz ergreifend verhalten. Alte Kontrollmechanismen könnten sich erneut in unser Verhalten einschleichen, was unangenehme Auswirkungen auf unser Gefühlsleben mit sich bringen würde. Unsere Angst vor Zurückweisung und Schmerzen würde den natürlichen Fluss verhindern.

Genießen Sie das Bestehende, doch sorgen Sie für Erweiterung und Mehrung, die nichts mit Sicherheitsdenken zu tun hat, sondern Bewegung in Ihr Gefühlsleben bringt. Der Ratschlag der Karte lautet, jetzt an diese alten, sich stets von Neuem wiederholenden Automatismen zu gelangen und diese durch tieferes Einlassen aufzulösen. Unsere Aufmerksamkeit sollte sich nicht auf das Alte, sondern zuversichtlich auf das Neue richten. Eine Beziehungskiste wird uns die Beziehung, die wir suchen, nicht ersetzen und eine unbewegliche Verstrickung wird uns nicht die erhoffte Verbindung herbeiführen können.

ICH: Noch halten wir eine gewohnte Situation aufrecht, die uns Sicherheit vermittelt. Doch in Wirklichkeit schleichen sich längst Langeweile und Überdruss ein.

DU: Süße Früchte werden verfaulen, wenn wir nicht sofort Bewegung in die Angelegenheit bringen. Wir bleiben hinter unseren Möglichkeiten zurück.

FÜNF DER KELCHE
ENTTÄUSCHUNG
KURZFORMEL: Falsche Erwartungen
werden zwangsläufig enttäuscht

Unsere entweder zu hohe oder unsere falsche Erwartungshaltung hat uns in eine Situation hineinmanövriert, in welcher wir scheinbar ohnmächtig feststecken. Enttäuscht betrachten wir den Scherbenhaufen unseres Gefühlslebens und geben uns dem Schatten unserer Traurigkeit hin, kein Silberstreifen will unseren Horizont erhellen. Dabei würde bereits ein minimaler Wechsel unserer momentanen Perspektive bewirken, dass sich neue Horizonte eröffnen, die längst vorhanden sind. Das Ablegen unserer überdimensionalen Scheuklappen würde uns sofort zusätzliche Möglichkeiten aufzeigen, die sich uns bereitwillig anbieten, von uns aber noch nicht beachtet wurden.

Unser Blickwinkel muss sich der Realität anpassen, der Kelch – die Fünf Kelche müssen geleert werden, damit sie von Neuem aufgefüllt werden können. Doch ist dies ein oftmals sehr ernüchternder Vorgang. Wir sollten jetzt auf keinen Fall verhärten oder gar in Selbstmitleid verfallen, was die angefragte Situation mit Sicherheit nur weiter verschlimmern würde. Ablenkung vom Schmerz der Enttäuschung wird uns oberflächlich bestenfalls kurzzeitige Erleichterung verschaffen, auf lange Sicht jedoch nur zu einer Wiederholung der momentanen Situation führen – die Komparsen wechseln sich ab, der Film bleibt derselbe! Statt dessen steht jetzt an, die Chance der (Selbst-)Erkenntnis beim Schopfe zu packen und zu nützen. Wie im Begriff Ent-Täuschung ausgedrückt, sind wir einer Täuschung erlegen, der natürlich immer eine tief sitzende Selbsttäuschung zugrunde liegt.

Welche allzu hohen und welche falschen Erwartungen stelle ich an andere und auch an mich selbst? Die ehrliche Antwort auf diese Frage wird die Lösung bringen. Die hinter der Enttäuschungskarte liegende Heilungsmöglichkeit wird symbolisiert durch die aus dem untersten der fünf Kelche entspringende Verschlingung, welche die Form eines Schmetterlings angenommen hat. Wir sollten jetzt endlich den Hebel bei uns selbst ansetzen und der Tatsache ins Auge blicken, dass wir zum Scheitern unserer Sache ebenfalls unseren Teil beitragen. Wir sollten mit klarem Blick unsere bisherige Täuschung entlarven und nicht weiterhin an der Meinung festhalten, dass immer die anderen die Schuld an unseren enttäuschten Erwartungen tragen. Nur so wird der Schmetterling unserer Gefühle sein Raupendasein endlich beenden und seine Flügel zu voller Größe entfalten können.

ICH: Was alles wird mir genommen werden und was bleibt dann noch übrig? Im Moment sehe ich nicht allzu viele Möglichkeiten.
DU: Ich lande gerade auf dem harten Boden der Tatsachen und muss mich neu finden. Ich fühle mich frustriert und enttäuscht

SECHS DER KELCHE
FREUDE (GENUSS)
KURZFORMEL: Genieße ausschließlich in der Gegenwart und halte die Balance

Das Licht der Sonne durchdringt unsere Gefühlswelt und der Neubeginn ist nicht nur auf der Ebene der Leidenschaft und Sinnlichkeit möglich, wir sind auch bereit für tiefen Herzensaustausch. Unsere derzeitige Ausstrahlung bleibt unseren Mitmenschen nicht verborgen, was entsprechend angenehme Auswirkungen auf unsere Kontakte mit sich bringt.

Dies kann sich auf bereits bestehende Angelegenheiten beziehen, die jetzt mit frischem Mut wieder belebt werden können, wir können in der Frequenz der Sechs Kelche aber auch neue Situationen in unser Leben ziehen, die große Chancen in sich bergen. Der Reichtum unserer Gefühle will ausgekostet und gelebt werden.

Es ist jetzt jedoch von herausragender Bedeutung, die Balance und innere Harmonie zu halten, denn man kann den gegenwärtigen Zustand nicht unbedingt als stabil bezeichnen. Wir stehen in Gefühlskontakt mit unserem inneren Kind, was uns zwar bereit für alles Neue, aber auch sehr verletzlich macht. Wir sind sehr anfällig für falsche Versprechungen, verlockende Versuchungen und Leichtgläubigkeit, denn wir wollen der Welt am liebsten mit ausgebreiteten Armen entgegen gehen. Wir haben erst vor Kurzem alte Schutzmechanismen abgelegt und müssen uns an unsere neue Offenheit erst noch gewöhnen. Bildlich gesprochen erlernen wir gerade das Laufen von Neuem und die Gefahr des Rückfalls und auch des Leichtsinns und der Fahrlässigkeit ist durchaus vorhanden. Das Wasser auf dem Bild der Freudekarte ist zwar in Bewegung, jedoch verdunkelt.

Die Aufforderung der Sechs der Kelche lautet, sich jetzt ausschließlich in der Gegenwart zu bewegen. Jetzt ist nicht die Zeit, um Pläne zu schmieden und an die Zukunft zu denken, sondern mit den offenen Augen eines Kindes die Welt zu betrachten und diese in vollen Zügen in sich aufzusaugen. Gleichzeitig sollten wir sehr genau auf unsere Gefühle achten und aufmerksam in uns hinein lauschen, was uns gerade gut tut und was nicht. Nehmen Sie Einladungen an und gehen Sie unter Leute, wann immer Sie das Bedürfnis dazu haben. Betätigen Sie sich sportlich, gehen Sie an die Natur und entfalten Sie sich in allen Bereichen, die für Sie mit Freude und Genuss zu tun haben. Zünden Sie sich zum Abendessen eine Kerze an und schlingen Sie dieses nicht im Stehen hinunter. Kaufen Sie sich ein paar neue Sachen für Ihre Wohnung oder zum Anziehen, hören Sie gute Musik, schenken Sie sich und anderen Blumen ...

ICH: Ich fühle mich wie neu geboren. Ich will das Leben auskosten und suche die Leichtigkeit des Seins.

DU: Bitte komme mir jetzt nicht schon wieder mit der Vergangenheit. Für mich zählt ausschließlich das Jetzt.

SIEBEN DER KELCHE
VERDERBNIS
KURZFORMEL: Träume nicht Dein Leben,
sondern lebe Deinen Traum!

Die Illusionskarte! Das Wasser in den Sieben Kelchen entspricht der Fata Morgana, der Spiegelung, die falsche Bilder erzeugt, welche jedoch zu unserer Realität keinerlei Bezug haben. Wir sind dabei, das Gleichgewicht zu verlieren und aus der zu Balance zu geraten. Der äußere Glanz trägt die innere Fäulnis, um mit Crowley zu sprechen.

Wir sind in einer trügerischen Scheinwelt gelandet, weil wir in Überaktivität verfallen sind oder künstliche Ablenkungsmanöver praktizieren. Anstatt die Wirklichkeit wahrzunehmen, die uns zugegebenermaßen bisweilen erschrecken muss, verlieren wir gerade das Fundament unter unseren Füßen. Wenn wir nicht schleunigst wieder auf dem Boden der Tatsachen landen, werden wir keine Möglichkeit zur Manifestation erhalten und unser Sein wird zum Schein. Die Karte kann einen »Blender« symbolisieren, eine schillernde Person, hinter deren äußerer Fassade ein schwacher, unaufrichtiger Charakter steckt. In jedem Falle stellt die Verderbniskarte eine verzerrte Wirklichkeit, Fluchtverhalten und Verführung dar, wenn nicht sofort der Kontakt zur Erde hergestellt wird. Die silberne Schnur, das Bindeglied zwischen Traum und Wirklichkeit, droht abzureißen. Wir sind dringend aufgefordert, in die Körperlichkeit zurückzukehren und unseren Traum auf seine Machbarkeit hin zu prüfen.

Wir sollten uns jetzt unbedingt eine stabile Basis für unser Gefühlsleben schaffen. Wir müssen aus dem drohenden Rausch aufwachen, in dessen Strudel wir gerade hineingeraten und der Realität und unseren

Ängsten klar ins Auge blicken. Nur so erhalten wir die Möglichkeit, aus dem Fahrwasser, das diese Karte anzeigt, auszusteigen. Anstatt in Illusionen auszuufern, sollten wir unsere durchaus vorhandene Energie konstruktiv und realistisch nützen. Körperbetonte Meditationen, Techniken, die unseren Geist mit dem Körper verbinden wie beispielsweise Hatha Yoga, Tai Chi, Tanz oder auch der Kontakt mit Bäumen werden sich jetzt positiv auf uns auswirken. Wir können unsere Träume nur dann leben, wenn wir unser Leben nicht ausschließlich träumen. Erden Sie sich!

ICH: Ich bin wohl meinen eigenen Illusionen auf den Leim gegangen. Ich traute dem Schein mehr als dem Sein und benötige dringend Bodenkontakt. **DU:** Ich muss aus meinem Traum aufwachen und meine Realität neu definieren.

ACHT DER KELCHE
TRÄGHEIT
KURZFORMEL: Du schüttest
klares Wasser in den Sumpf

Wir sind in den Sumpf geraten und je mehr wir strampeln, desto tiefer werden wir in diesen hineingezogen. Jede Aktivität in die falsche Richtung wird uns nur noch bewegungsloser machen. Trägheit und Faulheit sind die Konsequenz unseres ungesunden Handelns. Gefühl und Verstand sind im Widerstreit miteinander und die befragte Angelegenheit lässt sich nicht weiter fortsetzen, einfach deswegen, weil wir uns auf dem falschen Weg befinden. Vielleicht würde unser Handeln ja auf einer höheren Ebene fruchtbar verlaufen, doch dazu sind wir momentan nicht in der Lage. Deshalb werden wir die Richtung wechseln müssen – je eher, desto besser!

Eine festgefahrene Beziehung beispielsweise, die im Grunde genommen gute Voraussetzungen hätte, in der jedoch keiner der Partner bereit ist, sein Verhalten zu hinterfragen und an sich selbst zu arbeiten, wird mit jedem Zwist nur noch mehr Unbehagen mit sich bringen, bis endlich etwas geschieht, das Bewegung ins Spiel bringt. Oder wir sind an einer Arbeitsstelle beschäftigt, die am Sonntagabend schon das Grauen vor dem Montagmorgen erzeugt. Dann sollten wir uns fragen, ob wir uns am richtigen Platz befinden und was wir hier eigentlich noch zu suchen haben. Nur unsere Unsicherheit Neuem gegenüber lässt uns täglich mit der gleichen Routine Scheinaktivitäten verrichten, mit denen wir im Grunde genommen nichts zu tun haben und die uns keine Freude mehr bereiten.

Natürlich ist ein Aufrechterhalten der befragten Situation reine Energieverschwendung, und wir brauchen uns nicht zu wundern, dass wir uns immer schlapper und kraftloser fühlen. Die Lösung lautet, dass wir unsere Bemühungen beenden und unsere Angelegenheit loslassen sollten, um neuen Elan zu bekommen. Wenn wir jetzt unsere Augen öffnen, werden wir feststellen, dass wir keineswegs über zu wenig Energie verfügen, wir stecken sie nur in die falschen Kanäle, was zu Stau und Verstopfung führt. Unsere Gefühle werden genau dann wieder zu fließen beginnen, wenn wir unseren Blickwinkel erweitern und dadurch unseren verbissenen Kampf beenden.

ICH: Ich hoffe, dass es nicht zu spät ist, um mich selbst wieder zu finden. Jedenfalls wirst Du mich nicht mit in den Abgrund ziehen.

DU: Tut mir Leid, doch ich bin am Ende meiner Kraft. Wahrscheinlich habe ich mich zu weit aus dem Fenster gelehnt und geglaubt, ich könnte Deine Probleme für Dich lösen.

NEUN DER KELCHE
GLÜCKSELIGKEIT (FREUDE)
KURZFORMEL: Das natürliche Fließen
der Gefühle lässt alle Beteiligten feiern

In den Neun Kelchen hat unser Gefühlsleben seine optimale Stabilität erreicht. Wir befinden uns in unserer emotionalen Mitte und sind ausgeglichen. Sollten wir in der Vergangenheit Luftschlösser gebaut haben, so haben sich diese entweder als Schwärmereien herausgestellt und aufgelöst oder es ist uns gelungen, ihnen ein solides Fundament zu bauen. Wir empfinden zurecht unbegrenztes Vertrauen in das Leben und strahlen auf unsere Umwelt natürliche und unverfälschte Lebensfreude aus.

Unsere Kraft ist momentan so groß, dass sie überfließt, sodass andere daran teilhaben können und sich in unserer Gegenwart automatisch wohl fühlen. Es ist beim Ziehen der Glückseligkeitskarte durchaus möglich, dass ein Glücksfall in unser Leben tritt. Dies hängt davon ab, inwieweit wir in der Lage sind, den bestehenden Zustand weiterhin aufrecht zu erhalten.

In der Frequenz der Neun der Kelche sollten wir ganz besonders auf unsere Träume achten – auch Tagträume –, denn es besteht jetzt die Möglichkeit, unsere Visionen zu manifestieren, weil sie sich in realisierbarem Rahmen bewegen. Für den Moment sind wir an den klaren Quellen unserer Gefühle angelangt, was uns empfänglich macht für sehr feine Gefühlsregungen. Wenn wir diesen genügend Aufmerksamkeit schenken, besteht die Möglichkeit, dass sie sich in unser Alltagsleben herein ergießen. Hinterfragen Sie Ihre Visionen und geben Sie diesen Ihre Energie, um sie auch weiterhin zu verdichten. Sprechen Sie mit Menschen Ihres Vertrauens über das, was Sie sich »erträumen«, nehmen Sie dabei Kontakt auf zu Personen, die Sie bei der Verwirklichung Ihrer Vorhaben unterstützen könnten. Unternehmen Sie Schritte, um sich Ihre Träume zu erfüllen, sie zu realisieren. Angebote, die Sie jetzt erhalten, sollten Sie annehmen, denn Sie stehen auf sicherem Fundament.

In jedem Fall sind wir zum jetzigen Zeitpunkt in der Lage, selbstlos und ohne jede Anstrengung andere an unserer Gefühlsflut teilhaben zu lassen, denn wir haben unbegrenzt Energie zur Verfügung.

ICH: Endlich habe ich Ordnung in meine Verhältnisse gebracht. Auf diesem Fundament kann ich weiter aufbauen. Ich habe viel zu geben.

DU: Wenn Du es zu schätzen weißt, werde ich meine überfließende Kraft und Freude gerne mit Dir teilen.

ZEHN DER KELCHE
SATTHEIT

KURZFORMEL: Der Kelch ist voll mit Süßem – Trink aus und fülle ihn erneut

Wenn wir die Zehn Kelche gezogen haben, ist es von größter Bedeutung, dass wir uns nicht aus Bequemlichkeit heraus auf einen Dauerzustand unserer Sache einrichten wollen. Wir befinden uns vorübergehend am Ziel, doch auch hier, in der Sattheitsfrequenz, ist naturgemäß alles in Bewegung: Gefühle wollen fließen und dieser Gesetzmäßigkeit müssen wir uns natürlich anpassen. Alle vier Zehner der kleinen Arkanen wollen sich transformieren und in die Asse übergehen, um auf einer neuen Ebene analog Erfahrungen zu erleben – Stillstand ist Rückschritt. Dies gilt es bei der Deutung der Sattheitskarte ganz besonders zu beachten. Zitat Crowley:»Das Gefühl, nach der Mahlzeit ausruhen und verdauen zu wollen, anstatt sich erneut an die Arbeit zu machen«.

Für den Moment jedoch befinden wir uns im emotionalen Zustand der Sattheit, welcher ein sehr angenehmer Zustand ist. Das Ziehen der Karte sagt aus, dass wir uns gegenwärtig im Kontakt mit unserer ungetrübt klaren und geerdeten Gefühlswelt befinden. Der emotionale Zustand des »am Ziel angekommen Seins« ist erreicht und wir strahlen Stabilität aus. Auf absehbare Zeit werden sich die Dinge so entwickeln, dass wir uns zufrieden fühlen können. Wir sollten jetzt ganz besonders aufmerksam dafür zu sein, welche neuen Aufgaben es anzugehen gilt, denn die Zeit für weitere Entwicklungsschritte reift gerade heran.

Das Wasser der Zehn der Kelche lässt sich bildlich darstellen als im Erdreich versickernde Feuchtigkeit und diese hat immer die Eigenschaft, Fruchtbarkeit einzuleiten, sodass wir weiterhin mit Wachstum rechnen können. Eine zusätzliche Steigerung unserer derzeitigen Gefühle ist im Moment weder möglich noch sinnvoll. Vielmehr werden wir in Kürze in die Lage versetzt werden, *neue* (Asse) innere und äußere Gefühlswelten zu erschließen. Dies wird sich bald in Form einer gewissen Unruhe ankündigen. Auf diese rechtzeitig zu reagieren und offen zu sein für alles, was auf uns zukommt, ist die sich gerade abzeichnende Aufgabe. Die Karte rät uns, dass wir uns das bisher Erreichte, manchmal auch Erkämpfte, voll bewusst machen und mit allen Sinnen genießen, denn daraus wird große Stärke resultieren. Machen Sie sich nach dem Verdauen der Mahlzeit wieder rechtzeitig an die Arbeit ...

ICH: Für den Moment bin ich am Ziel meiner Wünsche angelangt. Und genau deshalb würde ich gerne selbstzufrieden der Trägheit frönen.
DU: Ich benötige Rückenwind. Ich fühle mich wohl und es fällt mir schwer, erneut aus den Startlöchern zu kommen.

DIE SERIE DER SCHWERTER

Die Schwerter-Karten des Tarot stehen mit dem Luft-Element in Verbindung, welches unsere Gedankenkräfte symbolisiert. Die Auswirkung, die unsere Gedanken auf unser Leben haben, kann man gar nicht hoch genug einschätzen, denn jeder Mensch ist genau das, was er denkt, dass er sei. Es ist deshalb von äußerster Wichtigkeit, ob wir konstruktiven oder destruktiven, weiten oder engen Gedanken nachhängen. Dies gilt für unser bewusstes ebenso wie für unser unbewusstes Denken.

Aufgrund ihres analysierenden und häufig auch trennenden Charakters wurden in früheren Jahren die Schwertkarten überwiegend negativ (Niederlage) bis katastrophal (Untergang) in ihren Auswirkungen übersetzt. Der Akt der Trennung legt nahe, dass die Luft im Tarot durch Schwerter symbolisiert wird. Schwerter sind, wie man weiß, zweischneidig. Das Ziel der trennenden Analyse ist das tiefere Erkennen, um die erkannten Details dann miteinander zu verbinden. Durch das Verknüpfen unserer gedanklichen, also rationalen und logischen Schlussfolgerungen erhalten wir neues Wissen und nehmen dadurch Kontakt mit den unterschiedlichsten Auffassungen auf. Wir verlassen unser Schubladendenken und erweitern den Horizont unserer Vorstellungen, was zu mehr Toleranz und letztlich bis zur Weisheit führen kann. Wenn wir die Botschaft der Schwertkarten richtig verstehen und umsetzen, dann können wir nachvollziehen, dass die Trennung, die von diesen Karten häufig symbolisiert wird, nötig ist, um in der Folge anstehende gedankliche Verbindungen eingehen zu können.

Wenn es uns gelingt, auf der Ebene unserer Gedankenwelt, der Ebene der Schwerter-Karten, uns über die jeweilige Situation Klarheit zu verschaffen, wenn wir uns in die Lage versetzen, die Dinge objektiv und wertungsfrei zu betrachten und so die entsprechenden Erkenntnisse erhalten, dann müssen so genannte Negativ-Karten keine negativen Ereignisse in unser Leben hereinverdichten. Ganz im Gegenteil – wir erhalten Denkanstöße, welche unseren bisherigen Rahmen erweitern und in Handlungen einmünden, die wir uns früher nicht zugetraut hatten.

Unsere Verlustangst, unsere eingefahrenen Denkprogramme und unser Begriff von Schuld halten uns oft davon ab, die notwendigen Trennungen von alten Strukturen auch tatsächlich umzusetzen. Äußere wie innere Verhaftungen verhindern, dass wir unsere Lebensziele erreichen können. Nur wenn wir uns gegen unser Wachstum auflehnen und uns mit aller Gewalt an unseren alten, meist von außen übernommenen Meinungen festkrallen, müssen uns schmerzhafte Eingriffe aus diesen Mustern befreien. Dies ist die große Chance, welche uns von der Serie der Schwert-Karten geboten wird. Wir können die Ängste, die hinter unseren Denkmustern stecken und dadurch unser Gefühlsleben und auch unseren freien Willen einschränken, erkennen und auflösen. Dies geschieht dadurch, dass wir immer weniger (ver-)urteilen und werten. Jedes Verurteilen hat seinen Ursprung letztlich in der Selbstverurteilung (vergl. Arkanum XV, *Der Teufel*). Dieser werden wir im Verlauf der Serie der Schwerter immer wieder begegnen.

Bei der Luft handelt es sich um ein Mischelement, welches Feuer und Wasser miteinander verbindet. Ziel und Eigenschaft der Luft ist es, Willenskräfte und Gefühle in ein harmonisches Miteinander zu bringen. Das Luftelement bringt das Wasser in Bewegung (Orkan löst Flut aus) und entfacht und nährt das Feuer, welches sich dann ausbreiten kann. Durch gedankliche Analyse sind wir in der Lage, die Hintergründe unserer Emotionen zu erkennen und diese in für uns förderliche Bahnen zu lenken. Gleiches können wir mit unseren Willenskräften tun. Luft steht in Bezug zu unserem kreativen Potential und in Verbindung mit Emotionen und Willen ist sie beteiligt an unseren Phantasien. Doch wenn der Kontakt zur Erde fehlt, kann dies schnell in Phantastereien und Höhenflüge ausarten. Diese werden dann einen harten Aufprall zur Folge haben, wenn wir wieder auf dem Boden der Tatsachen landen. Die farbliche Entsprechung zum Luftelement im Crowley-Tarot ist Grün, was die Mischung aus Blau und Gelb, also aus dem Element Wasser und dem Feuer unseres Geistes ist.

ASS DER SCHWERTER

KURZFORMEL: Gedankenklarheit
durchbricht die Umwölkung

Stellen Sie sich vor, Sie bewegen sich durch einen langen Tunnel. Kein natürliches Sonnenlicht erhellt die Umgebung und was Sie mit Ihren Augen wahrnehmen, sind lediglich Schemen und Schatten. Plötzlich erkennen Sie in der Ferne einen Lichtpunkt. Indem Sie sich weiter vorwärts auf das Licht zu bewegen, wird Ihre Umgebung langsam heller. Ihr Bewusstsein registriert, dass Sie sich dem Ende des Tunnels nähern. Sie haben dieses zwar noch nicht erreicht, doch ist Ihnen jetzt vollkommen klar, dass Sie sich bald wieder in heller, von natürlichem Licht beschienener Umgebung befinden werden, und zwar auf der anderen Seite des Berges, in den Sie vor einiger Zeit eingedrungen sind mit dem Ziel, diesen zu überwinden. Der Moment, in dem Ihre Gedanken dies mit vollem Bewusstsein erfassen, ist die Schwingung des Schwert-Ass.

Unsere Gedanken gleichen oft einer wild gewordenen Affenhorde. Wenn wir diese Affenhorde unter einen Hut bekommen (Hanuman, die hinduistische Gottheit in Affengestalt), wenn wir glasklar in den Kern unserer Angelegenheit vordringen und eine neue Stufe des Denkens erreichen, dann bewegen wir uns in der Frequenz des Schwert-Ass.

Wir haben unsere Zweifel besiegt und neue Ideen inspirieren uns. Die Inspirationen, die wir jetzt erhalten, sind kreativ, originell und schöpferisch. Wir haben uns von einengenden Denkmustern befreit und innere Konflikte beigelegt. Noch haben wir unsere höhere Ebene des Denkens keineswegs umgesetzt und noch ist uns völlig unklar, was genau uns am anderen Ende des Tunnels erwarten wird, doch sollte uns dies nicht davon abhalten, aus unseren alten Wertungen herauszutreten, die uns an neuen Ideen und Erkenntnissen hinderten. Statt dessen können wir jetzt die Verbindung der vermeintlichen Gegensätze herstellen.

Wenn es uns gelingt, Feuer und Wasser durch die Beseitigung unserer gedanklichen Blockaden miteinander zu verbinden, stehen sich Verstand, Wille und Gefühl nicht mehr widerstreitend gegenüber. Unsere alten Angstmuster verlieren zunehmend an Macht, und wir begegnen der Urkraft unserer sprühenden und schöpferischen Gedanken im Ass der Schwerter.

ICH: Ich bin neuen Einfällen gegenüber offener als jemals zuvor. Von monotoner Routine will ich momentan rein gar nichts hören, ich möchte ausgefallene Pläne aushecken.
DU: Noch fällt mir nichts Durchschlagendes ein. Ich warte auf neue Eingebungen und ich werde diese auch bald erhalten.

ZWEI DER SCHWERTER
FRIEDEN
KURZFORMEL: Der Pakt um des Friedens Willen

Die Friedenskarte teilt uns mit, dass für unsere Sache Lösungen gefunden und realistische Entscheidungen getroffen werden können. Eine gegenüberliegende Position, die wir bislang nicht begreifen konnten und vielleicht sogar verurteilten, können wir jetzt intellektuell nachvollziehen. Gemeinsamkeiten der gegensätzlichen Lager werden gefunden und beide Pole tragen aus den unterschiedlichen Perspektiven dazu bei, dass das Ganze mehr sein wird als die Summe seiner Teile. Alle Beteiligten werden mit der erreichten Übereinkunft zufrieden sein.

Die Zwei Schwerter sind innerhalb des Decks die Vertragskarte, was naturgemäß eine gewisse Abgrenzung oder Ausgrenzung unseres Gefühlslebens bedingt. In Liebesangelegenheiten können die Zwei Schwerter deshalb auf eine Zweckbeziehung oder Interessengemeinschaft hindeuten, bei der unsere Gefühle zurückgehalten und nicht genügend ausgelebt werden. In diesem Falle spricht die Karte die Warnung aus, unseren Gefühlen wieder mehr Raum zu verschaffen, weil ansonsten vielleicht schmerzhafte Erfahrungen darauf hinweisen werden, dass bei dieser Partnerschaft ein entscheidendes Element fehlt. Wenn der hauptsächliche Gesprächsstoff eines Paares darin besteht, ob man am Samstagabend die Sportschau oder die Familienserie anschauen wird, ist dies meistens nicht genug. In diesem Falle würde die Friedenskarte darauf hinweisen, sich einen zweiten Fernseher zu kaufen, um auf diese Weise eine Übereinkunft zu erzielen, die allen Beteiligten genügt ...

Mit Ausnahme von rein intellektuellen Angelegenheiten ist die Friedenskarte als Dauerzustand deswegen ungeeignet, weil wir über kurz oder lang ohne das Einbeziehen unserer Gefühle unsere Lebenslust einbüßen würden. Bei genauem Betrachten der Karte erkennen wir zwei kleinere Schwerter, von denen eines in Richtung Mond, unser Inneres Kind, zeigt und das andere sich auf dem Weg befindet, um sich zwischen die beiden gekreuzten großen Schwerter zu drängen und diese zu trennen. Wenn wir die Aufforderung, die in dieser Symbolik versteckt ist, bereits jetzt beachten und freiwillig unseren Schutzwall der Vernunft öffnen, werden wir uns in der Zukunft einigen Kummer (Drei der Schwerter) ersparen können. Alleine durch die Anschaffung des zweiten Fernsehers werden sich unsere partnerschaftlichen Verhältnisse langfristig sicherlich nicht wieder lebendig gestalten!

ICH: Anstatt ständig unsere Meinungsverschiedenheiten auszutragen, sollten wir uns auf einen gemeinsamen Nenner einigen.

DU: Ich glaube schon, dass wir einen gemeinsamen Nenner finden können, auch wenn unser weiteres Vorgehen überwiegend von der Vernunft diktiert wird.

DREI DER SCHWERTER
TRAUER (KUMMER)

KURZFORMEL: Der Pakt wird gewaltsam gebrochen

In der Frequenz der Drei der Schwerter begegnen wir dem Phänomen, dass ein starres Gedankenmuster durch die Einfügung von Neuem durchtrennt wird. Wir nehmen dieses, häufig sogar gewaltsame Durchtrennen als Trauer, Schmerz und Kummer wahr.

Unsere Angelegenheit gestaltet sich momentan so, dass wir zwar etwas in Bewegung bringen wollen und auch über die nötige Energie zu verfügen glauben, aber trotzdem nicht vom Fleck kommen und in Aktion geraten können. Dieser Zustand wird genau so lange anhalten, bis wir selbstkritisch hinterfragen, welche gewohnheitsmäßige Routine es zu durchbrechen gilt. Denn genau diese Routine ist es, die unsere Gefühle außer Acht lässt und uns deshalb blockiert.

Immer und immer wieder haben wir die gleichen Denkmuster wiederholt, die unser Leben bestimmten. Im Moment können wir unseren Rahmen nicht wirklich erweitern, was die Situation für uns als widersprüchlich erscheinen lässt. Wir müssen zwangsläufig aus dem Gleichgewicht geraten, um unseren eingefahrenen Trott endlich zu ändern. Nur aufgrund intellektueller Strategien können wir unser Leben niemals erfüllend und sinnvoll gestalten, also wird jetzt Platz geschaffen für neue Einsichten und Erkenntnisse, die unsere Gefühle mit einbeziehen und frischen Wind in unser Leben bringen werden.

Bei Fragen für feste Liebesbeziehungen zeigen die Drei Schwerter in der Nähe von entsprechenden Personenkarten häufig die gedankliche Bereitschaft zu einem Seitensprung an. Paradoxerweise sorgt dies manchmal für Bewegung in eingefahrenen, nur noch von der Gewohnheit getragenen Partnerschaften, führt in der Folge häufig aber auch zur Trennung. Dies ist dann der Fall, wenn keiner der Beteiligten bereit ist, seine Gewohnheitsmuster in aller Ehrlichkeit in Frage zu stellen. In jedem Fall wird die Starre der festgefahrenen Angelegenheit jetzt von außen gesprengt werden. Auch durch schmerzhafte Erfahrungen, wie beispielsweise das Erleben der Eifersucht, werden wir wieder spüren können, dass wir allesamt Wesen mit Gefühlen, mit einem Emotionalkörper sind. Dieses nicht zu beachten, geht stets nur eine begrenzte Zeit lang gut. Schmerzhafte Gefühle, die sich gerade ihren Ausdruck verschaffen wollen, sollten wir jetzt keinesfalls verdrängen oder überspielen. Unsere Heilung wird exakt dann stattfinden, wenn wir unsere Schutzmauern abbauen und uns auf unsere Gefühle so tief wie möglich einlassen – unsere Trauer trägt die Genesung bereits in sich.

ICH: Die Lage ist mir entglitten und außer Kontrolle geraten. Ich hatte nicht erwartet, dass mir das alles so nah gehen würde.
DU: Um die Wahrheit zu sagen: Ich fühle mich sehr schwach und verletzlich. Ich habe keine Lust mehr, den/die Starke/n zu spielen. Wir müssen unbedingt unsere alten Gewohnheiten aufgeben.

VIER DER SCHWERTER
WAFFENSTILLSTAND (WAFFENRUHE)
KURZFORMEL: Die Ruhe nach dem Sturm
ist auch die Ruhe vor dem Sturm

Die Station der Vier der Schwerter erlaubt es uns, durchzuatmen. Für den Augenblick beruhigt sich die Situation und die Wogen glätten sich – vorläufig! Alle vier Schwerter weisen nach innen und verbinden sich in der geöffneten Blüte, sie erzielen Übereinkunft. Die Gelegenheit sollte unbedingt dazu genutzt werden, in sich zu gehen und genau herauszukristallisieren, worum es denn nun eigentlich in der Essenz unserer Sache geht beziehungsweise ging. Es wäre jetzt absolut falsch, beleidigt in den Rückzug zu gehen und schmollend seine Wunden zu lecken. Ablenkungsmanöver in Äußerlichkeiten wären ebenfalls das falsche Rezept. Das Glätten der Wogen findet nur an der Oberfläche statt. Durch Sammlung unseres gesamten uns zur Verfügung stehenden inneren Kräftepotentials ist es uns jetzt möglich, neue und auch grenzüberschreitende Lösungen zu erarbeiten, und genau aus diesem Grund erhalten wir die momentane Atempause.

Wir sollten den bisherigen Verlauf der befragten Angelegenheit jetzt urteilslos und ohne Wertung betrachten, objektiv und distanziert. Die Vier der Schwerter eröffnet uns die Chance, neue Strategien zu entwickeln, die unseren erweiterten Rahmen und auch unser Gefühlsleben mit einbeziehen. Nur so werden wir die befragte Sache in geordnete Bahnen lenken können.

Jetzt ist die Zeit, um Auseinandersetzungen zu beenden, indem wir auch die andere Seite sehen und integrieren – innerlich wie äußerlich.

Wenn wir die Dinge jetzt jedoch unter den Teppich kehren sollten, wird in absehbarer Zukunft der Leidensdruck unnachgiebig zunehmen. Unsere äußeren Aktivitäten sollten wir für den Moment zurücknehmen, um die Dinge in Ruhe aus der Distanz heraus betrachten zu können. Sollten wir es mit einem unbelehrbaren Gegenüber zu tun haben, das auf keinen Fall zu irgendeinem Wachstum bereit ist, dann müssen wir gezwungenermaßen die Konsequenzen ergreifen und uns zurückziehen. Die Zeit der Waffenstillstands ist nicht dazu da, jetzt unsere äußeren Räume zu erweitern, indem wir neue Projekte in Angriff nehmen. Wir sollten vielmehr Ordnung in unerledigte Angelegenheiten bringen und für klare Verhältnisse in allen bereits bestehenden Belangen sorgen. Erst dann wird wieder unsere Initiative im Außen gefragt sein.

ICH: Das Beste für mich ist, ich ziehe mich für eine Weile zurück und ordne meine Gedanken.

DU: Bevor ich erneut in Bewegung gerate, muss ich mich sammeln und mir den nötigen Überblick verschaffen.

FÜNF DER SCHWERTER
NIEDERLAGE
KURZFORMEL: Negatives Denken
erhält Bodenkontakt

Unsere negativen Erwartungen haben die Situation ausgelöst, in der wir jetzt stecken und diese lassen nicht zu, dass etwas Neues entstehen kann. Eine Erweiterung unserer Lebensumstände findet gerade nicht statt, weil wir es vorziehen, an vermeintlichen Sicherheiten festzuhalten. Wir wagen es nicht, aus unseren starren Normen auszubrechen und etwas zu riskieren, was außerhalb unseres gewohnten Rahmens stattfinden würde. Wir erwarten bewusst oder unbewusst, dass unsere Sache schlecht enden wird, also endet sie auch schlecht. Die Richtung, in die wir uns gerade bewegen, wird letztlich von unserer Verlustangst diktiert und diese Einstellung schränkt unseren Blickwinkel massiv ein. Den entsprechenden Spiegel hält uns folgerichtig auch die Außenwelt hin.

Das umgekehrte Pentagramm, der Drudenfuß ist das Symbol dafür, dass die Materie über den Geist gesiegt hat. Die Materie, symbolisiert durch die oberen vier der fünf Schwerter, wird übermächtig und versucht, den kosmischen Einfluss, das eine, untere Schwert niederzudrücken. Dies widerspricht jedoch der Gesetzmäßigkeit, welche besagt, dass Materie stets als Folgeprodukt des Geistes entsteht, und nicht umgekehrt. Deshalb ist das Pentagramm mit der Spitze nach *oben* ja auch solch ein starkes Symbol. Wenn Sie mit einer Fünfer-Karte öfter zu tun haben, ist es eine äußerst wirksame rituelle Übung, sich auf diese Karte zu konzentrieren und sie voll bewusst umzudrehen, immer und immer wieder; die Wirkung ist sehr effektiv und kann – im wahrsten Sinne des Wortes – Welten bewegen.

Das Ziehen der Fünf der Schwerter rät uns sowohl in geschäftlichen als auch in Liebesangelegenheiten dringend, unsere negativen Erwartungen ans Licht zu holen und diese zu beleuchten. Was ist die tiefere Ursache für unser krankes Sicherheitsdenken? Warum erwarten wir bereits im Vorfeld zumindest unbewusst eine Niederlage unseres Vorhabens?

Oft kann es hilfreich sein, uns unsere schlimmsten Befürchtungen zur Situation bewusst zu machen, um dann deren Irrationalität zu erkennen. Wenn wir, anstatt unseren negativen Erwartungen weiterhin Energie zu geben, unsere Konzentration auf konstruktive Ziele lenken, wenn wir unsere Lebendigkeit durch selbständiges und bewusstes Handeln wieder zum Vorschein bringen, werden wir auch die entsprechenden Chancen erhalten, die zu den erwünschten Ergebnissen führen werden. Sollten wir es jedoch vorziehen, auch weiterhin wie ein ewig Gestriger zu denken und zu handeln, wird unsere Sache zwangsläufig in einer Niederlage enden (siehe Kapitel Zukunftsprognosen).

ICH: Zurzeit ist es wie verhext – was ich auch anfasse, nichts gelingt mir. Ich bin schon regelrecht verunsichert.

DU: Ich wäre Dir wirklich dankbar, wenn Du nicht ständig an meinen Ideen herumkritisieren, sondern mich zur Abwechslung mal aufbauen und ermutigen würdest.

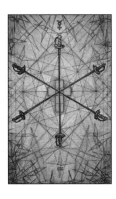

SECHS DER SCHWERTER
WISSENSCHAFT
KURZFORMEL: Der Flohzirkus der Gedanken ist unter dem Hut

In den Sechs Schwertern entsteht für uns die Möglichkeit, unsere Ursprungsgedanken, die immer mit unserer Bestimmung zu tun haben, herunter zu transformieren und in unser Tagesbewusstsein zu heben. Die Rose der Erkenntnis entfaltet sich, innere und äußere Bedürfnisse werden erkannt, auf den Punkt gebracht und vereinigt. Wie im Bild zu sehen, fließen die unterschiedlichsten gedanklichen Energien jetzt zum Mittelpunkt hin ein und verbinden sich. Die Symbolik der sich öffnenden Rose im Schnittpunkt des Kreuzes zeigt an, dass wir bereit sind, mit dem Herzen zu denken. In der Folge werden wir unsere Gefühle klarer leben und auch äußern können. Gedanken, die uns an unseren natürlichen Empfindungen bislang gehindert haben, können erkannt und transformiert werden. Die entsprechenden Verbindungen werden das Beschreiten neuer Wege mit sich bringen. Mehr innere und äußere Freiheit wird die Folge sein.

Von größter Bedeutung ist jetzt, die erreichte Balance weiterhin aufrecht zu erhalten, denn Energien unterschiedlicher Herkunft und aus verschiedenen Ebenen fließen hier ein. Das Ziehen der Wissenschafts- oder besser Weisheitskarte zeigt uns stets an, dass wir derzeit in der Lage sind, unser Schicksal in die eigene Hand zu nehmen und frei zu wählen. Es geht jetzt darum, die Dinge nicht grüblerisch zu zerdenken, sondern mit klarem Kopf ins Handeln zu geraten und auf direktem Wege umzusetzen, was wir als konstruktiv erachten und was uns gut tut.

Wir können die angefragte Situation wert- und urteilsfrei betrachten und somit bis zum Kern der Angelegenheit vordringen. Die Versöhnung der unterschiedlichen Anteile und Meinungen ist jetzt möglich. Wir sollten uns selbst klar und deutlich einbringen und unseren Standpunkt gefühlvoll und verständlich, doch ebenso konsequent und geradlinig zum Ausdruck bringen. Andere Meinungen anzuhören, erweist sich jetzt als fruchtbar und wird unseren Horizont erweitern, doch müssen wir mit hoher Eigenverantwortung entscheiden, inwieweit wir uns anpassen und den entsprechenden Einklang erzielen wollen. Die Erkenntnisse, zu denen wir jetzt gelangen, sollten wir keinesfalls auf die lange Bank schieben, sondern dann aktiv, konsequent und schnörkellos in die Tat umsetzen.

ICH: Lange genug habe ich mir den Kopf zerbrochen, wie es weitergehen soll. Doch jetzt ist die Zeit gekommen, um in Bewegung zu geraten.
DU: Ich habe mir neue Ziele gesetzt und möchte diese auch erreichen. Wenn Du mitkommst, ist es mir recht – wenn nicht, werde ich trotzdem aufbrechen.

SIEBEN DER SCHWERTER
NUTZLOSIGKEIT (VERGEBLICHKEIT)
KURZFORMEL: Viele negative Kräfte
drohen das Vorhaben zu zerstören

Sechs Schwerter bohren auf das eine, nach oben weisende ein. Es ist möglich, dass sich uns Unaufrichtigkeit und intrigantes Verhalten Außenstehender in den Weg stellt und unser Vorhaben behindern will. Es besteht die Gefahr, dass wir unsere Angelegenheit aus den Augen verlieren, Zweifel und Ungewissheit melden sich. Wenn wir aus unserer gewohnten Routine ausbrechen und unsere Vorsätze in die Tat umsetzen, bringt dies naturgemäß auch Neider mit sich. Menschen, die sich Veränderungen nicht zutrauen und davon ausgehen, dass man aufgrund der äußeren, ach so üblen Umstände einfach nichts an seinem Leben ändern könne, werden Ihnen, zumindest unbewusst, Ihren Erfolg nicht gönnen. Natürlich ist es leichter, eheliche Verhältnisse, die lieblose und schwere Kindheit oder die Regierung dafür verantwortlich zu machen, dass man in der Opferrolle steckt und keine Möglichkeiten des Wachstums habe. Das letzte, was solche Menschen brauchen können, ist jemand, der ihnen das Gegenteil beweist, denn die Ausrede der Chancenlosigkeit wird von Ihnen gerade widerlegt. Dies sind äußere Gründe für die vielen Verhinderungsschwerter, die auf das eine, nämlich Ihres, einbohren.

Vielleicht werden wir dazu gezwungen sein, die Trickkiste zu öffnen oder so manches Ass aus dem Ärmel zu schütteln, doch müssen wir uns im Rahmen unserer Ehrlichkeit bewegen – und innerhalb dieses Rahmens ist jetzt alles erlaubt! Gehen Sie taktisch klug vor und machen Sie sich selbst und anderen dabei nichts vor. Sie werden gerade geprüft, ob Sie stark genug sind, Ihre Theorie auch in die Praxis umzusetzen. Gehen

Sie notfalls Kompromisse ein, doch keine faulen. Integrieren Sie für den Moment die Erfahrungen, die Sie gerade machen und bereichern Sie Ihr Wissen an diesen. Ob unser Anliegen allerdings auch tatsächlich zum Erfolg führen wird, lässt diese Karte leider offen. Klar ist lediglich, dass wir gerade eine Lektion lernen, die wir später, also längerfristig noch bestens benötigen werden. Sollten wir die von dieser Karte angebotene Verhaltensweise jedoch nicht befolgen, wird unser Vorhaben mit Sicherheit vergeblich sein.

Sehen Sie eventuelle äußere Intrigen und Widerstände als Herausforderung und auch als Spiegel Ihrer eigenen inneren Widerstände an, die Ihnen jetzt ins Bewusstsein treten sollten. Stehen Sie zu sich selbst, zu Ihrem Wachstum und zu Ihren Plänen! Wenn Sie Ihre Energie an dem einen, nach oben weisenden Schwert ausrichten und sich von den übrigen sechs Schwertern nicht beirren lassen, dann lassen Sie gerade alte, einengende Gewohnheitsmuster hinter sich. Bewegen Sie sich im Feld Ihrer persönlichen Grenzbereiche und nutzen Sie mögliche Überraschungseffekte zu Ihren Gunsten.

ICH: Warum kann mir niemand aufrichtig gönnen, dass ich erfolgreich bin mit meinen Ideen?
DU: Ich hasse diese Unehrlichkeit. Es ist an der Zeit, die Dinge beim Namen zu nennen.

ACHT DER SCHWERTER
EINMISCHUNG
KURZFORMEL: Krankhafte Zweifel
fressen die Lebendigkeit auf

Zwei starre, nach unten gerichtete Schwerter, Symbol für unsere sich widersprechenden niederen Gedanken, halten unsere Lebendigkeit der sechs beweglichen Dolche gewaltsam in Zaum. Wir können nicht in Bewegung geraten und anstatt unsere Impulse, Ideen und Vorhaben endlich umzusetzen, grübeln wir zwanghaft vor uns hin. Unsere Gedanken drehen sich im Kreis, und wir finden immer noch weitere Argumente, um die Zweifel an unserer Sache zu bestätigen. Unser äußeres Geschehen ist natürlich das Produkt dieser kranken Innenwelt. Das Überwinden unserer sich widersprechenden Denkansätze ist auf der momentanen Ebene nicht möglich. Nur wenn wir unsere Ziele auf eine höhere Ebene ausrichten, die auch unser Herz mit integriert, werden wir uns wieder bewegen können. Wir müssen herausfinden, welches starre gedankliche Hindernis uns festhält, um diese Blockade des Widerspruchs dann mit großer Behutsamkeit aufzulösen.

Beispiel: Eine Liebesbeziehung der Vergangenheit ist im Unfrieden beendet worden, weil uns der betreffende Partner verletzt hat. Im Kontakt mit neuen Partnern können wir uns deshalb nur noch bis zu einem gewissen Punkt hin öffnen. Stets von Neuem grenzen wir uns an genau der gleichen Stelle zwanghaft ab und lassen aus Angst vor erneuter Verletzung keine weitere Nähe zu, denn unser alter Schmerz ist noch nicht wirklich realisiert und geheilt. Der erste Schritt der Acht der Schwerter besteht darin, die Energie unserer negativen Erwartungen jetzt zu akzeptieren. Anstatt diese weiterhin zu verdrängen, sollten wir genau herausfinden, welche konkreten Gedanken unsere Lebendigkeit in der Gegenwart behindern. Als zweiten Schritt können wir unsere alte Verletzung dann tatsächlich der Vergangenheit übergeben und sie hinter uns lassen.

Insbesondere negative Gedanken an Menschen, die uns in der Vergangenheit verletzten, sollten wir jetzt aus ihrem Schattendasein ans Licht holen. Jede negative Handlung einer anderen Person uns gegenüber beinhaltet die Möglichkeit, die zugefügte Verletzung als Herausforderung zu erkennen, an der wir wachsen können. Das vollzogene Wachstum verdanken wir im Nachhinein genau derjenigen Person, die uns auf ihre Art herausforderte. Auch wenn uns das nicht gerade leicht fallen sollte, sagt uns die Karte, dass wir jetzt bereit sind, unseren inneren Frieden mit der betreffenden Person oder Situation zu schließen – und auf diese Weise die Heilung unserer Verletzung einzuleiten. Wenn wir auf dieser Ebene zu denken und agieren beginnen, wird unsere unterdrückte Lebendigkeit wieder fließen können.

Bisweilen symbolisiert die Acht der Schwerter auch die »Qual der Wahl«. Auch in diesem Falle geht es darum, uns nicht zu quälen, sondern mit Beharrlichkeit und Ausdauer unseren höheren Zielen treu zu bleiben oder uns solche zu suchen. Grübeln bringt uns jetzt jedenfalls keineswegs weiter, denn jeder zusätzliche Gedanke trennt die scheinbaren Widersprüche nur noch mehr.

ICH: Wenn das so weitergeht, werde ich noch krank! Ich kann fast nicht mehr daran glauben, dass wir noch zusammenfinden werden.
DU: Ich sage ja, und Du sagst nein, einer Meinung sind wir schon lange nicht mehr. Deine ewigen Zweifel ersticken jeden neuen Lebenskeim von Anfang an.

NEUN DER SCHWERTER
GRAUSAMKEIT
KURZFORMEL: Destruktive Gedanken
des Leidens vergiften die Atmosphäre

Mit der Grausamkeitskarte haben wir die Station erreicht, in der wir uns als Märtyrer und hilflose Opfer wahrnehmen. »Ich hab's doch gleich gewusst, dass alles schief geht, die Welt ist nun mal gemein und ungerecht ...« Solche und ähnliche Glaubenssätze bestimmten bis jetzt unser Denken und die Schwierigkeit besteht darin, dass wir aus unserem Leiden auch noch eine gewisse Befriedigung ziehen. Die Schuld an unserem Dilemma weisen wir zynisch den Menschen zu, die mit uns zu tun haben und zu schwach sind, sich gegen unsere Vorwürfe zur Wehr zu setzen. Wir glauben, unsere Situationen nicht ändern zu können, weil wir anderen Scheinverursachern die Macht über unser Leben einräumen.

Die Rolle des Opfers, des Armen Ich abzulegen und sich als den Meister seines Lebens zu erkennen, ist die Botschaft der Neun Schwerter. Im allgemeinen haben wir unser Schulddenken, das zu erkennen jetzt die Aufgabe ist, bereits von Kindesbeinen an von Eltern oder anderen Autoritätspersonen übernommen. Immer hatte irgend jemand die Schuld daran, dass die Dinge nicht so liefen, wie sie hätten laufen sollen. Die Aufforderung der Karte ist an den Blutstropfen unterhalb der Schwerter zu erkennen, die nicht während des *Hineinstoßens* dieser Schwerter entstehen können, sondern nur durch das *Herausziehen* derselben! Der wesentliche Deutungsansatz der Karte ist also, dass wir jetzt endlich, meist nach langer Vorbereitung, die Möglichkeit erhalten, die tatsächlichen Hintergründe unserer negativen Erwartungen zu erkennen, um diese in der Folge willentlich »herauszuziehen« zu können.

Akzeptieren Sie Ihre Situation so, wie sie ist und erkennen Sie das dahinter sitzende Gedankenmuster. Kapitulieren Sie, um somit einer höheren Macht Platz zu verschaffen. Geben Sie Ihren höheren Wünschen und Zielen die Möglichkeit, in Ihrer Gedankenwelt auf sich aufmerksam zu machen. Richten Sie Ihre Energie ab sofort auf neue, konstruktive und schöpferische Gedanken, anstatt immer andere für Ihr Leben verantwortlich zu machen. Ersetzen Sie Ihr Verweigerungsdenken durch die Energie realistischer Zuversicht! Die Dinge stehen nicht unbedingt immer so, wie wir sie interpretieren. Doch vor allem – es gibt keine Schuld, es gibt nur Ursache und Wirkung. Die Ursache ist, was Sie erwarten und die (Aus-)Wirkung ist die Angelegenheit, die Sie die Neun der Schwerter hat ziehen lassen. Uns steht immer genau so viel zu, wie wir glauben, dass uns zusteht. Die Karte zeigt an, dass Sie jetzt in Kontakt mit Ihrem stiftenden Gedanken geraten können, welcher hinter unseren Alltagsgedanken steckt und diesen Energie gibt. Der Hebel, den Sie ansetzen können, kann ohne Übertreibung als mächtig bezeichnet werden.

ICH: Der Kosmos hat die Tafel reich gedeckt, doch ich sitze unter dem Tisch, um die Krümel aufzulesen.

DU: Dir passt es gut ins Konzept, wenn Du mir die Schuld in die Schuhe schieben kannst für Deine Unzufriedenheit.

ZEHN DER SCHWERTER
UNTERGANG
KURZFORMEL: Wenn die Nacht am dunkelsten ist, steht die Dämmerung kurz bevor

Meist ist beim Ziehen dieser Karte ein schmerzhaftes Ereignis der Auslöser dafür, dass unser festgefahrener Alltag jetzt in Bewegung gerät. Das zentrale Schwert ist zerbrochen, was bedeutet, dass wir unsere Situation als gewaltsamen Zusammenbruch empfinden. Die angefragte Sache auch weiterhin noch aufrecht zu halten, ist unmöglich. Wir sind zum Scheitern verurteilt.

Nehmen Sie doch einmal die Zehn der Schwerter und das Ass der Schwerter zur Hand und vergleichen Sie die beiden Karten miteinander. Das Licht, die Farbe Gelb im Zentrum der Untergangskarte hat an Strahlkraft im Schwert Ass ungeheuer zugelegt. Wenn wir im Sinne unserer Bewusstwerdung bei einer Zehn angekommen sind, wird sich diese automatisch erneut zu einer Eins, einem Ass, weiterentwickeln. Das, was wir beim Ziehen der Karte als Untergang empfinden, ist in Wahrheit zu unserem Besten und lediglich eine Frage der Perspektive. Unser altes Gedankengerüst muss gewaltsam zerstört werden, damit wir in der Folge zu einer freieren Sichtweise gelangen und dann neue, konstruktivere Verbindungen eingehen können. Die Zehn Schwerter werden sich beizeiten im Ass zu dem einen, wieder erstarkten und nach oben weisenden Schwert verbünden.

So muss die Untergangskarte (Der kleine Turm!) beispielsweise nicht zwingend das Ende einer Partnerschaft ankündigen, sondern lediglich das Ende einer Beziehungskiste, in der jetzt der entscheidende Wachstumsschritt möglich ist, um auf einer höheren Ebene mit neuen, freiheitlicheren Voraussetzungen in die nächste Runde zu starten. Grundbedingung ist natürlich die Bereitschaft beider Beteiligter, ihre alten Ansichten zu überdenken und diese dann über Bord zu werfen. Der Schock, den uns die Untergangskarte verpasst, ist hierzu allemal nötig.

ICH: Es kracht im Gebälk – und zwar heftig. Lieber ein Ende mit Schrecken, als ein Schrecken ohne Ende! Ich will über meinen Tellerrand hinausblicken und neue Wege gehen.

DU: Was Du als Niederlage interpretieren magst, ist in Wahrheit Dein Sieg. Denke in großem Stil, denn was Du heute denkst, wird morgen Deine Welt sein.

In manchen Lebensabschnitten, wie beispielsweise in der Frequenz der Zehn der Schwerter, sind wir zarter besaitet, sensibler und leichter verletzbar als gewohnt. Deshalb kann es bei der Deutung der Schwertkarten hilfreich sein, Bezeichnungen wie Niederlage oder Untergang mit dem Zusatz »Angst vor« zu übersetzen. Angst vor Niederlage oder Angst vor Untergang nimmt diesen Karten ihren erschreckenden Beigeschmack, und wir sind empfänglicher für die Botschaft, die hinter den Bezeichnungen dieser Karten steckt.

DIE SERIE DER SCHEIBEN

Die Scheiben, die auch als Münzen oder Pentakel bezeichnet werden, sind dem Element Erde zugeordnet und symbolisieren all das, was wir als handfest, als greifbare stoffliche Materie wahrnehmen. Die Farbentsprechung zur Erde ist das Braun in seinen verschiedenen Schattierungen. Braun ist die Mischung der drei Grundfarben, also der anderen drei Elemente. Das Wesen der Erde ist es, die weniger dichten Elemente Feuer, Wasser und Luft in sich aufzufangen, zu verbinden und materiell auszudrücken. Durch die sinnvolle Anwendung der Energie unseres Willens, unserer Emotionen und der Kraft unserer Gedanken erhalten wir materielle Resultate, können im wahrsten Sinne des Wortes Berge versetzen.

Erde ist ein rezeptiv-passives Element und übt eine starke Anziehungskraft auf die anderen Elemente aus, welche sich ohne das Erdelement nicht grobstofflich materialisieren könnten. Dies erklärt, warum wir sehr genau darauf achten sollten, wie wir mit unseren anderen, nichtmateriellen Kräften wie beispielsweise unseren Gedanken umgehen. Diese Kräfte wollen sich stets stofflich ausdrücken und als materielles Ergebnis in unserem Leben erscheinen. Durch Beachtung der Hinweise, die wir in den Stäbe-, Kelche- und Schwerter-Karten erhalten, können wir Materialisierungsprozesse einleiten und auch beschleunigen oder verhindern, ändern oder abschwächen. Das Ergebnis werden unsere greif- und sichtbaren Lebensumstände sein, analog ausgedrückt in den Scheiben-Karten.

ASS DER SCHEIBEN

KURZFORMEL: Jeder Weg beginnt
mit einem ersten Schritt

Sie wollen, dass sich in Ihrem Leben Neuland eröffnet. Dazu müssen Sie – bildlich gesprochen – einen Fluss überqueren. Das gegenüberliegende Ufer, welches Ihr Ziel, Ihr neuer Bereich sein wird, sehen Sie nicht, doch verspricht Ihnen das Ziehen des Ass der Scheiben definitiv, dass dieses Ufer auf der anderen Seite des Flusses vorhanden ist und sie es auch erreichen können. Was von Ihrer momentanen Position aus erkennbar ist, ist eine kleine Insel oder ein Stein, der aus dem Fluss herausragt und auf den Sie jetzt springen können, ohne ins Wasser fallen zu müssen. Sie wissen beim Ziehen des Scheiben-Ass ohne jeden Zweifel, wenn Sie sich auf diesem Stein befinden werden, werden Sie mit absoluter Sicherheit den nächsten Stein, den nächsten Schritt vorwärts in Reichweite haben, auch wenn Sie ihn jetzt noch nicht erkennen können. Auf diese Weise werden Sie Schritt für Schritt ans andere Ufer, an Ihr Ziel gelangen. Doch zuallererst müssen Sie den ersten Schritt tun, den ersten Sprung wagen und Ihr gewohntes Ufer verlassen.

Die Ringe hinter der goldenen Scheibe erinnern an die Jahresringe eines Baumes – langsames und stetiges Wachstum ist Ihnen beim Ziehen dieser Karte garantiert. Jeder äußere Schritt bringt Ihnen innere Erkenntnisse, die Sie menschlich werden reifen und wachsen lassen. Äußeres Wachstum, das wir durch das Annehmen neuer Herausforderungen wagen, bringt uns menschlich voran und erhöht unsere Selbstsicherheit und auch unsere Toleranz.

Im Moment finden Innen und Außen greifbar zueinander und ergänzen sich gegenseitig.

Oben und Unten, Geist und Materie treffen gerade in Ihrem Leben aufeinander und führen zu großer Erweiterung. Die Zahl im Inneren der Scheibe sagt Ihnen, dass Sie sich für Ihre Fortschritte keinesfalls schuldig fühlen sollten, denn Sie werden lediglich jene Ziele erreichen, die Sie sich aufrichtig und im Einklang mit dem Ganzen verdient haben. Sie werden mit Ihren Aufgaben wachsen. Ihr inneres Wachstum schließt äußeres Wachstum nicht aus und umgekehrt. Spiritualität und Geschäftsleben sind jederzeit miteinander vereinbar, genauso wie lebendige Sexualität und tiefe Liebe durchaus zusammengehören. Die Pole stehen sich nicht mehr feindlich gegenüber, sondern befruchten sich gegenseitig – Erfolg garantiert!

ICH: Ich bin gut vorbereitet und habe noch viel vor. An jeder neuen Herausforderung werde ich weiter wachsen.

DU: Ich weiß, dass man nicht alles auf einmal erreichen kann, doch ich werde meinen Zielen beständig näher kommen. Bist Du bereit für große Aufgaben?

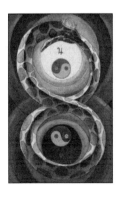

ZWEI DER SCHEIBEN
WECHSEL
KURZFORMEL: Das einzig Beständige ist der Wandel

Wie jede andere Energieform in diesem Universum auch, sind wir alle einem permanenten Wandel unterworfen. Alles ist in Bewegung und Stillstand ist gleichbedeutend mit Rückschritt, denn nichts bleibt, wie es ist. Das Ziehen der Karte sagt: Wenn wir bereit sind, uns dem Fluss des Wandels und des Wechsels anzupassen und hinzugeben, werden in unserem Leben positive Änderungen stattfinden. Wenn in unserer Angelegenheit Hindernisse auftauchen, sollten wir mit diesen keinesfalls verbissen kämpfen, sondern sie als für unser Wachstum erforderliche Herausforderungen und als Chancen begreifen. Je geschmeidiger und flexibler wir mit unserer befragten Angelegenheit umgehen, umso größer werden unsere Erfolgsaussichten sein. Die Karte lädt Sie dazu ein, Ihre Widerstände abzulegen. Steigen Sie auf die Welle der Sie umgebenden Energie auf, um sich von dieser tragen zu lassen wie ein Surfer.

Die Zwei Scheiben sind das Symbol von Yin und Yang, was die Vereinigung der Gegensätze beschreibt. Dieses Symbol des Tao zeigt an, dass es kein Weiß ohne Schwarz geben kann und umgekehrt. Das, was wir als gegensätzliche Polarität wahrnehmen, sind immer nur zwei Seiten derselben Medaille, und Wachstum findet nur statt, wenn es uns gelingt, die sich gegenüberliegenden Pole zu verbinden und die entstehende Spannung für unsere Transformation zu nutzen. Dadurch lassen wir alte Vorurteile hinter uns und erweitern unsere Perspektive. Es ist nicht sinnvoll, an Althergebrachtem zwanghaft festzuhalten, sondern Vergangenes spielerisch als Sprungbrett und Stufe in neue Bereiche zu nutzen, bringt uns die Lebendigkeit, die unser Leben erfüllt und ihm Sinn verleiht. Der Kampf der Polaritäten transformiert sich zum Spiel der Dualität.

Der Wechsel, den wir gerade vornehmen, führt vom Dunkel hin zum Hellen und sagt uns, dass unsere Angelegenheit positiv verlaufen wird. Wenn wir unsere momentanen Chancen umsetzen, wird sich unsere Sichtweise immer mehr weg vom reinen Über-Leben, hin zum Leben, zur Lebendigkeit wandeln. Wir erkennen die hinter dem Schleier der Materie liegende Wahrheit und erreichen in unseren äußeren Lebensumständen Wachstum und Ausweitung.

Gehen Sie das befragte Thema zwar konsequent, jedoch nicht mit tierischem Ernst an. Behandeln Sie Ihre Angelegenheit nicht leichtsinnig, doch so entspannt und gelöst wie möglich.

ICH: Ich werde in meinem Leben Veränderungen vornehmen und bin dabei voller Zuversicht.
DU: Schwermut und Pessimismus kann ich momentan überhaupt nicht gebrauchen. Ich bin bereit für den notwendigen Wandel.

DREI DER SCHEIBEN
ARBEIT
KURZFORMEL: Die Arbeit lohnt sich,
denn das Produkt wächst stetig heran

Wir können beim Ziehen dieser Karte in unseren gesamten Lebensumständen bald einen großen Schritt vorankommen. Der Kristall, der in der Mitte der drei abgebildeten Scheiben gerade heranwächst, sagt uns, dass wir greifbaren Erfolg erhalten werden als Ergebnis unserer kontinuierlichen Arbeit. Das Zusammenwirken der drei Bereiche von Geist, Seele und Körper wird uns materiellen Zuwachs bringen.

Es gilt jetzt allerdings, genau darauf zu achten, dass wir uns nicht auf Teilbereiche fixieren, sondern im weiteren Verlauf der Angelegenheit unsere Ziele ganzheitlich verfolgen. Die Karte spricht eher langfristige Ergebnisse an, deshalb wollen weder die Belange unseres Intellekts noch unsere seelischen und auch nicht unsere körperlichen Bedürfnisse vernachlässigt werden. Die Arbeit, die wir letztlich an uns selbst vornehmen, führt zum Kristallisieren, zur Manifestation unserer Wünsche. Wir werden als Auswirkung unserer ehrlichen Bemühungen ein Ergebnis erzielen, welches die gesamte Palette unserer Lebensumstände betrifft.

Am Arbeitsplatz sollten wir Wert darauf legen, dass wir uns dort wohl fühlen, und unser Liebesleben sollte sich auf sicherem und stabilem Fundament bewegen, denn mit Luftschlössern und Illusionen hat diese Karte nichts zu tun. Wir sollten all das in die Tat umsetzen, was wir schon länger vorhaben und was uns gut tut. Wir schaffen uns gerade die stabile Grundlage für das Erreichen unserer ehrlich gemeinten und konstruktiven Ziele. Deren allmähliches Heranwachsen ist uns mit dem Ziehen dieser Karte gewiss.

In manchen Auslagen will der Tarot einen Hinweis darauf geben, dass im vor uns liegenden Kartenbild spezielle Aussagen über das Berufsleben, die Arbeit der Fragestellerin gemacht werden. Dann werden die Drei Scheiben eine zentrale Position einnehmen und dieser Fingerzeig des Tarot wird deutlich erkennbar sein.

ICH: Auch wenn es nicht gerade schnell geht, meine Beständigkeit scheint Früchte zu tragen. Ich will nicht nur reden, sondern handeln.
DU: Wir sollten unseren Kurs weiter beibehalten und uns öfter auch mal etwas Gutes gönnen.

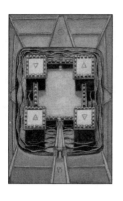

VIER DER SCHEIBEN
MACHT
KURZFORMEL: Die Festung
droht zu eng zu werden

Bisweilen kann das Auftauchen der Karte konkret Hinweise auf unsere Wohnung oder unser Haus beinhalten, doch handelt es sich in den meisten Fällen um eine ganzheitlichere Botschaft. Die Vier der Scheiben will uns im allgemeinen sagen, dass wir gerade im Begriff stehen, unsere Strukturen zu verhärten. Wir sollen aus unserer Festung des materiellen Denkens aussteigen. Wir werden aufgefordert, unsere Bereiche nur in einer Weise auszuweiten, die dem Wohle aller zuträglich ist. Engstirnigkeit, insbesondere in materieller Hinsicht, wäre gerade ebenso wenig dienlich für unsere Sache wie ungesunder Egoismus.

Die vier Scheiben haben sich zu Quadraten geformt und tragen die Symbole der vier Elemente. Alle vier Elemente sollten beim Ziehen dieser Karte unbedingt beachtet und in unser Denken und Handeln integriert werden. Die Anordnung der vier quadratischen Scheiben erinnert uns an eine Burg oder Festung (Haus). Der Steg, der in diese hinein- beziehungsweise aus ihr herausführt, ist schmal. Wir müssen unser Ego, unseren Machttrieb hintenanstellen und im Sinne des großen Ganzen handeln. Im Verhalten zu unseren Mitmenschen besteht die Gefahr des Machtspiels, welches jedoch überflüssig ist und uns unnötige Energie kosten würde. Wir sollten uns keinesfalls in unserer Festung, also hinter unseren Prinzipien verschanzen.

Lockern Sie Ihre allzu strukturierten Vorstellungen etwas auf und sehen Sie die ganze Sache weniger eng. Ein etwas flexibleres Verhalten würde harte Mauern aufweichen können. Allerdings dürfen wir wiederum auch niemandem erlauben, Macht über uns auszuüben. Niemand darf uns zwingen, Dinge zu tun, die unseren Überzeugungen zuwider laufen. Nur aus materiellem Sicherheitsdenken heraus sollten wir niemandem die Macht verleihen, über unseren Kopf hinweg zu entscheiden, was gut für uns zu sein hat und was nicht. Die Karte fordert uns auf, unseren Idealen und Prinzipien treu zu bleiben und im Einklang mit diesen kontinuierlich unseren Bereich im Sinne des Ganzen auszubauen. Wir handeln von einem soliden Fundament aus, dass keine weiteren Sicherheiten benötigt. Wenn wir diese Vorgabe konsequent beachten, wartet greifbarer Erfolg. Dieser Erfolg wird unsere materiellen Bedürfnisse befriedigen – und nicht nur diese!

ICH: Ich muss mich in Acht nehmen, dass ich nicht zum Eigenbrötler werde. Ich würde mich gerne aus meiner Festung herauslocken lassen.

DU: Deine Bodenständigkeit in allen Ehren, doch etwas mehr Beweglichkeit und dafür weniger Schutzmaßnahmen würden Deinem Leben sicherlich Auftrieb verleihen.

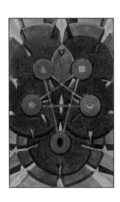

FÜNF DER SCHEIBEN
QUÄLEREI
KURZFORMEL: Verlust von scheinbaren Werten

Wir haben unser Mangeldenken immer und immer wieder mit Energie aufgeladen und sind jetzt als zwingende Folge dieser destruktiven Gedankenwelt in einem Dilemma gelandet, das direkte Auswirkung auf unser materielles Fundament hat. Wenn wir jetzt immer noch glauben, unser auf

Sicherheit und Kontrolle ausgerichtetes Vorgehen würde uns weiterhelfen und wir könnten uns auf althergebrachte Art aus dieser Angelegenheit befreien, artet unser Vorhaben zur regelrechten Quälerei aus. Grübelei und die Suche nach einem Ausweg bestimmen das Bild, doch befinden wir uns jetzt in einer Sackgasse, aus der sich nur dann Lösungen auftun werden, wenn wir mit unseren Bemühungen, gegen Mauern anzurennen, innehalten und uns um 180 Grad drehen. Dies ist jedoch lediglich der erste Schritt, um aus unserer derzeitigen Zwickmühle herauszukommen.

Wir werden in der Frequenz der Fünf der Scheiben dazu gezwungen, unsere Perspektive grundlegend zu verändern und vom rein materiellen Denken zu einer ganzheitlicheren Sicht der Dinge zu gelangen. Wir haben gegen Gesetzmäßigkeiten verstoßen, die stärker sind als die Wege unseres Ego. Wir müssen jetzt materielle Opfer leisten, um das Gleichgewicht wieder herzustellen. Nur so werden sich längerfristig neue Wege ergeben, die wir bisher übersehen haben, weil unser einseitiges Denken uns daran gehindert hat, diese zu erkennen. Diese neuen Wege dann auch zu beschreiten, ist die Lernaufgabe, vor die uns die Fünf der Scheiben stellt. Wir werden gezwungen, einzusehen, dass es so wie bisher einfach nicht mehr weitergeht.

Das Loslassen unserer rein materiellen Einstellung und das Ändern der entsprechenden Vorgehensweise erfordert großen Mut. Doch liegt es einzig und allein in unserer Hand, ob wir uns weiterhin herumärgern wollen, bis wir am Ende doch dazu gezwungen werden, die Fäden, die wir vermeintlich kontrollieren, aus der Hand zu geben. Sinnvoller und Zeit sparender wird es sein, unsere Scheinsicherheiten sofort aufzugeben und so den Platz dafür zu schaffen, dass neue Impulse in unserem Leben auftauchen können.

ICH: An das Gewinnen kann man sich gewöhnen – an das Verlieren leider auch. Ich glaube, ich hab gerade das Unglück abonniert!

DU: Zurzeit will mir einfach nichts gelingen. Mein Selbstvertrauen ist entsprechend angekratzt und ich bin tief verunsichert.

SECHS DER SCHEIBEN
ERFOLG
KURZFORMEL: Der Rhythmus Deines
Herzschlags lässt das Vorhaben gelingen

Die Alten Planeten umkreisen die zentrale Morgensonne und jeder gibt seinen Segen, trägt seine Energie dazu bei, um unser Vorhaben gelingen zu lassen. Die Früchte unserer Arbeit sind bereit zur Ernte, der Kristall, der in den Drei Scheiben noch angedeutet war, steht jetzt greifbar vor uns. Die unterschiedlichsten Bereiche sind dabei, Einklang zu erzielen und wollen sich im Äußeren manifestieren. Ausschlaggebend für unseren großen Erfolg ist, dass wir den optimalen Zeitpunkt für unsere Aktionen einhalten.

Wenn wir die Zeitqualität beachten, welche uns die Planeten (die Götter) vorgeben, verspricht uns die Karte für jede Art von Unternehmung Erfolg. Was wir jetzt in Angriff nehmen, wird uns auch gelingen. Wichtig ist dabei, dass wir das Gesetz des Gebens und Nehmens beachten und auch andere an unserem Wohlstand teilhaben lassen. Nicht jeder Zeitgenosse hat die Kraft aufbringen können, um mit seinem Herzen in Verbindung zu geraten, und wir sollten uns diesen gegenüber nicht urteilend und wertend verhalten, sondern immer daran denken, dass wir von unserem inneren und äußeren Reichtum einen Teil an jene weitergeben, die das Schicksal unseren Weg kreuzen lässt – wir sind nicht besser oder schlechter als irgend jemand anderer.

Wenn man sich die Biographie von Menschen betrachtet, die in ihrem Leben sehr großen Reichtum angehäuft haben, kann man häufig beobachten, dass diese Menschen von Anfang an einen bestimmten Prozentsatz ihres Gewinns an karitative Organisationen, Stiftungen oder ähnliche Einrichtungen spendeten. Diesen Menschen ist klar, dass Energie fließen muss, damit sie erfolgreich sein können, und sie richten sich konsequent nach dieser Gesetzmäßigkeit. Wir sollten ebenfalls erkennen, dass jede Form von Energie, die wir freiwillig an andere abgeben, um ein Vielfaches verstärkt zu uns zurückkehren wird.

Deshalb: Stimmen Sie die Götter günstig und fahren Sie zur richtigen Zeit die Ernte ein!

ICH: Endlich habe ich den lang ersehnten Erfolg in greifbarer Nähe. Die Sterne lächeln mir zurzeit wohlwollend zu und die Welt steht mir offen.
DU: Deinen momentanen Lauf gönne ich Dir von ganzem Herzen. Du bist gut beraten, auch andere an Deinem Glück teilhaben zu lassen!

SIEBEN DER SCHEIBEN
FEHLSCHLAG
Kurzformel: Bleierne Angst drückt Dich nieder – decke die Tafel nicht jetzt

Crowley: »Der Einsatz wurde auf den Tisch gelegt und verloren – das ist alles.« Es ist für die Fragestellerin nur zu hoffen, dass sich die Sieben der Scheiben auf einer Position befindet, aus der heraus sie ihre Angelegenheit noch korrigieren kann und die Finger davon lässt. Denn dies ist der konsequente Ratschlag, den uns diese Karte erteilt. Legen Sie Ihren Einsatz jetzt nicht auf den Tisch. Warten Sie auf alle Fälle ab, wie sich die äußeren Umstände entwickeln werden. Aller Wahrscheinlichkeit nach werden Sie im weiteren Verlauf feststellen, dass es sich nicht lohnt, in die Sache (weiter) zu investieren, und Ihr Augenmerk auf andere Projekte lenken. Im Moment jedenfalls ist keinerlei Fortschritt möglich und Sie würden Ihren Einsatz verlieren.

Mit an Sicherheit grenzender Wahrscheinlichkeit ist hierfür der falsche Zeitpunkt entscheidend (Saturn). Ein ungeduldiges Vorgehen würde negative Auswirkungen mit sich bringen.

Die Stockung, der Stau, der durch diese Karte angezeigt wird, hat seine Ursache in der falschen Motivation des Fragers. Wenn wir unsere Energie, wie bei den Sieben Stäben bereits angesprochen, lediglich aus Profilierungsgründen heraus investieren, muss unsere Kraft irgendwann im Leeren verpuffen. Anstatt verfrüht zu handeln, müssen wir endlich die wahren Hintergründe unserer Sache hinterfragen. Unser Antrieb ist gespeist aus dem Bestreben, dass wir uns selbst und anderen unbedingt etwas beweisen wollen. Doch ist diese verbissene Form des Ansporns für unsere Angelegenheit denkbar ungeeignet. Der Schatten, der unser Wesen belagert und überlagert, sollte jetzt beleuchtet werden. Hinweise und Warnungen gab es im Vorfeld mit Sicherheit genügend.

Durch falsch motivierte Aktionen im Außen greifen wir an unserem Thema jetzt jedenfalls völlig vorbei, und die Folge wird sein, dass wir den auf den Tisch gelegten Einsatz verlieren werden. Vielmehr sollten wir unsere Energie jetzt zurückhalten. Wenn wir diese Vorgabe befolgen, werden wir in einem neuen Spiel und unter neuen Voraussetzungen auch wieder höhere Gewinnchancen erhalten als im Moment.

ICH: Unser Vorhaben stellt sich als Griff ins Klo heraus. Möglich, dass wir zu einem späteren Zeitpunkt Erfolg haben könnten, doch das wird sich erst in der Zukunft zeigen.

DU: Bitte akzeptiere, wenn ich für den Moment die Finger von Deinen Ideen lasse.

ACHT DER SCHEIBEN
UMSICHT
KURZFORMEL: Ordne Deine Verhältnisse,
während die Ernte stetig heranreift

Die Acht Scheiben tragen die Bezeichnung Umsicht, doch man könnte sie ebenso gut auch Übersicht benennen. Wir haben für die Umsetzung unseres Anliegens jetzt alle benötigten Details gesammelt, und es gilt, diese sinnvoll zu ordnen. Unsere an unterschiedlichen Schauplätzen vorgenommenen Vorbereitungen nehmen untereinander Verbindung auf, und das große Ganze kann Form und Gestalt annehmen. Der Reifeprozess unserer Angelegenheit lässt sich vergleichen mit dem gemeinsamen Öffnen vieler Knospen, die sich an derselben Pflanze befinden und somit den gesamten Baum zum Erblühen bringen.

Wir sind in der Lage, dieses langsame und beständige Wachstum von einer höheren Perspektive aus mitzuverfolgen, was uns die nötige Übersicht verschafft, um unser Vorhaben dann mit relativ geringem Aufwand erfolgreich zu Ende zu bringen. Im Außen brauchen wir momentan deshalb nur wenig zu tun, weil wir für die Regelung unserer Angelegenheit bereits die wichtigsten Vorbereitungen im Vorfeld erledigt haben. Momentan geht es für uns darum, Ordnung in unsere Verhältnisse zu bringen, um dann Schritt für Schritt weiterhin umsichtig unser Ziel zu verfolgen. Die Karte ist eine Aufforderung an uns, jetzt die Dinge langsam anzugehen, was sich im Außeren als längerfristige, jedoch kontinuierliche Entwicklung niederschlägt.

Alles unterliegt dem Zeitablauf eines natürlichen Wachstums und wenn wir uns diszipliniert dieser Zeitspur anpassen, ohne verfrüht in den Lauf der Dinge einzugreifen, werden wir erfolgreich zu Ende führen, was wir begonnen haben. Wir werden langsam aber sicher immer mehr die Beweisführung dafür erhalten, dass wir uns auf dem richtigen Weg befinden. Wenn es nötig sein sollte, die Initiative zu ergreifen, wird dies lediglich eine Reaktion auf die gegebenen Umstände sein, die keinen hohen Kraftaufwand mehr verlangen, sondern nur die bei jedem Unternehmen notwendigen Erledigungen beziehungsweise geringfügige Weichenstellungen erfordern. Hierbei sollten wir die Ruhe bewahren und uns keinesfalls über das erforderliche Maß hinaus verausgaben. Unsere Pflanze ist gut versorgt und wächst ohne Anstrengung. Die Wurzeln greifen tiefer, während sich die Knospen langsam öffnen.

ICH: Ich will mich nicht in Einzelheiten verlieren, sondern behalte auch weiterhin das große Ganze im Auge.

DU: Zuerst werde ich mir den erforderlichen Überblick verschaffen und dann auch in Zukunft beharrlich meinen Weg gehen.

NEUN DER SCHEIBEN
GEWINN
KURZFORMEL: Zuwachs für alle

Wenn wir diese Karte ziehen, sind wir gerade dabei, unseren Blick zu heben und in größeren Zusammenhängen zu denken als vormals. Vielleicht haben wir in der Vergangenheit für eine gewisse Zeit intensive Nabelschau betreiben müssen und waren hauptsächlich mit uns selbst beschäftigt. Doch jetzt bringen wir unserer Umwelt wieder stärkeres Interesse entgegen und sind deshalb bereit, auch andere Menschen in unser Vorhaben mit einzubeziehen. Möglich, dass dadurch unsere Sache größere Kreise ziehen wird, als wir ursprünglich erwartet haben.

Das Ziehen der Gewinnkarte bedeutet immer, dass wir unseren Wohlstand mehren werden und uns dabei in bester Stimmung befinden. Unsere Offenheit mit ganzem Herzen zuzulassen und dann nach außen zu tragen, hat den erwünschten Zugewinn auf allen Ebenen zur Folge. Der Beruf beispielsweise kann zur Berufung werden, und der fruchtbare Boden, auf dem wir gerade voranschreiten, führt uns in die Richtung unserer Selbstverwirklichung. Bei der Umsetzung unseres Vorhabens werden wir nicht alleine auf uns selbst gestellt sein. Andere Personen, die uns wohl gesonnen sind, werden an unserem Projekt mit beteiligt sein. Wir kennen diese Personen bereits oder werden ihnen bald begegnen und deren Unterstützung erhalten. Wichtig wird sein, dass wir bei unserer Angelegenheit nicht nur ausschließlich auf unseren eigenen Vorteil bedacht sind, sondern alle anderen in unseren Gewinn mit einbeziehen. Für finanzielle Unternehmungen beispielsweise bedeutet dies, dass ein Geschäftsabschluss erreicht wird, mit dem alle Beteiligten zufrieden sein werden.

Auch in Liebesangelegenheiten sagt die Karte, dass wir direkt oder indirekt mit mehreren Personen zu tun haben. Beispielsweise könnten wir auf jemanden treffen, der alleinerziehend ist oder sich innerhalb eines gesunden sozialen Netzwerkes bewegt. Die zusätzlichen Beteiligten werden sich keinesfalls gegen uns stellen, sondern eine Bereicherung für unser Leben bedeuten.

ICH: Ich wusste nicht, wie wichtig der Beistand anderer Menschen sein kann. Den Einzelkämpfer brauche ich jetzt nicht mehr zu spielen.
DU: Ich werde in Zukunft mehr auf die Gemeinsamkeiten als auf die Unterschiede achten und hoffe, dass auch Du meine Vorhaben unterstützen wirst. Gemeinsam sind wir stark.

ZEHN DER SCHEIBEN
REICHTUM

KURZFORMEL: Die Medaille hat zwei Seiten – füge diese zusammen und der Lohn wird reichlich sein

Was im Ass der Stäbe als zündender, noch zielloser Funke begann, hat sich jetzt, in der letzten der kleinen Zahlenkarten, zur greifbaren und stabilen Ordnung verfestigt. Die zehn Scheiben haben sich zum kabbalistischen Lebensbaum angeordnet. Wir werden ein greifbares Produkt erhalten, auf welchem wir dann weiterhin aufbauen und uns erweitern werden.

Der Reichtum, der hier angesprochen ist, entspricht exakt der äußeren Manifestation unserer inneren Werte. Die Karte sagt aus, dass wir gerade die direkte Resonanz unseres Bewusstseins präsentiert bekommen. Wir sind reif dazu, unsere Umgebung, und natürlich auch die Menschen, mit denen wir zu tun haben, bewusst als den äußeren Spiegel unserer inneren Vorgaben zu erkennen. Die beiden grauen Seiten der Medaille zeigen, dass es sich um einen ungeschminkten, unverfälschten Spiegel handelt, aus dem der Baum unseres inneren und äußeren Reichtums entspringt. Wir können jetzt auch solche Kräfte integrieren und transformieren, die wir vormals abgelehnt hatten.

Wir sind in der Lage, auch vermeintlich schwierige Situationen als große Gelegenheiten zu erkennen und für unser Vorankommen zu nutzen. Wir werden unseren Einfluss verantwortungsvoll geltend machen. Niemand wird durch unseren materiellen Reichtum benachteiligt werden. Wir wissen, dass auf diesem Planeten genug für alle da ist. Anderen gegenüber, insbesondere Menschen aus unserer Vergangenheit, Toleranz und Großmut aufzubringen, ist die hintergründige Lektion der Karte. Wir dürfen unsere Herkunft nie vergessen und verdrängen, sondern müssen jederzeit in der Lage sein, auf gesammelte Erfahrungswerte und auf unsere verarbeiteten Erlebnisse zurückzugreifen, wenn die Umstände dies erfordern. Unsere Wurzeln verdienen unsere Achtung und Dankbarkeit. Aus dieser Position heraus können wir unsere umgesetzten Erfahrungen an andere weitergeben, wenn sie uns um Rat fragen.

Schattenintegration verlangt von uns, das Leben in all seiner Vielfalt zu akzeptieren. Nur so können wir aus dem Reichtum unserer Möglichkeiten schöpfen. Die Zehn Scheiben symbolisieren uns, dass wir uns auf diesem Weg befinden.

ICH: Wir sollten herausfinden, wo unsere Gemeinsamkeiten liegen und unserer Toleranz das Ruder übergeben. So können wir Großes erreichen.

DU: Ich sehe manches zwar etwas anders als Du, doch ich kann mich trotzdem in Deine Lage versetzen.

DIE HOFKARTEN

Die Hof- oder Personenkarten gehören, ebenso wie die 40 Zahlenkarten, dem kleinen Arkanum des Tarot an, denn auch sie sind eine Ausdrucksform der vier Elemente. Sie bilden gewissermaßen das Bindeglied zwischen den kleinen und den Großen Karten, denn ihre Energie ist umfassender als die der kleinen Zahlenkarten.

Die erste Deutungsmöglichkeit einer Hofkarte bezieht sich auf eine ganz bestimmte Person unseres gegenwärtigen oder zukünftigen Umfelds, deren Charaktermerkmale durch das Bild der Karte angezeigt werden. Wenn Ihnen beim Deuten einer Hofkarte eine bestimmte Person spontan in den Sinn kommt, wird die gezogene Hofkarte aller Wahrscheinlichkeit nach diese Person symbolisieren. Sollte dieser Deutungsweg zutreffen, zeigen Prinzen und Prinzessinnen Personen auf, die jünger oder unreifer sind als der Fragesteller. Ritter und Königinnen sind älter oder zumindest reifer als die Fragestellerin. Ganz allgemein kann man Folgendes formulieren: Wenn konkrete Personen unseres Umfelds angesprochen werden, gehen die Hofkarten in der Regel auf den Charakter, das Alter, den Reifegrad und den Bewusstseinsstand der betreffenden Menschen ein.

Die zweite Deutungsperspektive ist die Darstellung eines unserer Charakterzüge. Die Hofkarten zeigen uns, welcher Persönlichkeitsaspekt unserer Gesamtnatur gerade erweckt und unseren Möglichkeiten hinzugefügt werden will. Nach dem Resonanz- oder auch Spiegelgesetz begegnen uns im täglichen Leben stets genau jene Personen, die uns aufzeigen, mit welchen Wesensanteilen unseres Selbst wir uns gerade auseinanderzusetzen haben. Die Personen, die uns, sowohl positiv als auch negativ, besonders beschäftigen, spiegeln uns diese Persönlichkeitsaspekte. Eine in diesem Sinn gezogene Hofkarte zeigt uns also an, dass wir die entsprechende Eigenschaft durchaus als Potential in uns tragen – gleichgültig, ob wir dies nun als angenehm empfinden oder nicht. Erster und zweiter Deutungsansatz laufen im Grunde auf dasselbe hinaus.

Die dritte und mit Abstand umfassendste Perspektive, von der aus wir uns einer Hofkarte annähern können, ist auf die Erscheinungsform des Elements bezogen, dem die jeweilige Hofkarte angehört. Wir können den Verdichtungsgrad eines Elements und auch das Mischungsverhältnis der vier Elemente untereinander durch die Deutung einer gezogenen Hofkarte konkret bestimmen.

Am Beispiel der Prinzessin der Kelche soll diese Zugehörigkeit erläutert werden: Wie alle vier Prinzessinnen repräsentiert auch die Prinzessin der Kelche in erster Hinsicht das Element Erde. Durch ihre Kelche-Zugehörigkeit zeigt sie uns weiterhin das Element Wasser an. Die Prinzessin der Kelche wird deshalb als die Erde des Wassers bezeichnet. Wasser ist das Element, welches für unsere Gefühle steht. Die Prinzessin der Kelche sagt uns also, dass unser Wasser, unsere Gefühle, derzeit erdig sind, sich in erdigem, dichtem Zustand befinden. Wenn Sie sich den dichtesten Zustand von Wasser vorstellen, werden Sie schnell beim Begriff Eis landen, denn das Eis ist eine Ausdrucksform der Erde des Wassers. Unsere Gefühle sind in diesem erdigen und dichten Zustand entweder eisig oder aber gerade dabei, sich zu kristallisieren. Entweder verdichten sich unsere Gefühle gerade zu einer soliden Grundlage (auf Eis kann man laufen, was man auf Wasser in seinen anderen Aggregatzuständen normalerweise nicht kann), oder aber unsere Gefühle »vereisen« gerade. Diesen Zustand dann konkreter zu deuten, hängt schlicht und ergreifend davon ab, welche Frage wir an den Tarot gestellt hatten und wie unsere (Gefühls-) Situation derzeit aussieht.

Wenn uns das Wasser in seiner Erscheinungsform als Eis begegnet, dürfte klar sein, dass wir hier bestimmt kein luftiges Wasser vorfinden. Wasser in luftigem Zustand, die Luft des Wassers, könnte man als sehr bewegliches Wasser beschreiben, als Nebel, Dunst, Wolke, eben als luftiges, schäumendes Wasser, wofür wiederum der Prinz (Luft) der Kelche (Wasser) steht, und der uns einen völlig anderen Gefühlszustand beschreibt als die Prinzessin der Kelche. Luftige Gefühle stehen in großem Unterschied zu kristallinen, eisigen, erdigen Gefühlen und deswegen zeigt uns die Prinzessin der Kelche als Erde des Wassers einen einzigartigen emotionalen Zustand an, der von anderen Hofkarten wie beispielsweise dem Prinzen der Kelche exakt zu unterscheiden ist, wenn man diesen Schlüssel der Elementlehre, der seine Wurzeln in der Kabbala hat, anwendet.

Der Ritter der Scheiben als weiteres Beispiel ist wie alle Ritter ein Vertreter des Feuerelements, denn alle vier Ritter gehören dem Feuer an. Durch seine Zugehörigkeit zur Scheiben-Serie ist der Ritter der Scheiben zugleich Repräsentant des Elements Erde. Dadurch wird uns das Element Erde in erhitztem, eben in feurigem Zustand gezeigt, nämlich als Feuer der Erde oder auch feurige Erde. Wenn Sie sich das Element Erde vor Ihr inneres Auge holen, sollten Sie nachvollziehen können, dass feurige Erde niemals ein Strohfeuer oder Kerzenlicht sein kann, sondern in Bezug zu beispielsweise Lava steht.

Auf unsere jeweilige Frage bezogen, die wir an den Tarot stellten, erhalten wir mit dieser Deutungsmethode Hintergründe und Zusammenhänge aufgezeigt, die unser Alltagsbewusstsein niemals beantworten könnte – deshalb ziehen wir den Tarot ja auch zu Rate!

In Kombination mit den kleinen Zahlenkarten geben uns die Hofkarten die Möglichkeit, den Reifungsgrad der entsprechenden Situation, insbesondere unter »elementaren« Aspekten, zu erkennen. Wenn wir diesen wiederum mit den Großen Arkanen, den dahinter liegenden Lektionen auf unserem Lebensweg kombinieren, erhalten wir eine genaue Auskunft darüber, warum wir uns in genau der Situation befinden, in der wir gerade sind oder auf welche wir gerade zusteuern.

DIE PRINZESSIN DER STÄBE
DIE ERDE DES FEUERS

Die Tochter des Feuers entfacht unsere Leidenschaft. Fast lasziv präsentiert sie sich uns nackt und verführerisch. Mit spontaner Begeisterung gibt sie sich mit Haut und Haaren ausschließlich dem Augenblick hin und genießt das Leben in vollen Zügen. Sie ist schnell entflammbar und wer mit ihr in Kontakt gerät, wird von ihr angesteckt. Die starke Anziehungskraft, für welche die Karte steht, gilt für Personen wie Situationen natürlich gleichermaßen.

Verlässlichkeit hat sie uns keine zu bieten, dazu ist ihr Naturell zu spontan und auch zu flüchtig. Ihre Launen hat sie oftmals nicht im Griff, sondern gibt sich diesen lieber unbekümmert hin. Innerlich ist sie zu unsicher, um sich mit wirklichem Tiefgang auf ihre Erlebnisse einzulassen. Lieber springt sie mit der Begeisterung eines Kindes von einem Strohfeuer zum nächsten. Sie lebt ihre Sexualität aus, doch wird sie kaum in der Lage sein, sich zu binden. Noch verglühen ihre mit großer Begeisterung begonnenen Vorhaben allzu schnell.

Der Tiger, mit dem sie nur losen Kontakt hält, zeigt uns einerseits, dass die Prinzessin der Stäbe ihr inneres Tier noch nicht angenommen und gezähmt hat (vergl. Arkanum XI, *Lust*), andererseits ist sie im Begriff, den Tiger der Ängste hinter sich zu lassen und in lichtere und freiere innere wie äußere Bereiche vorzustoßen (vergl. Arkanum 0, *Der Narr*).

Neue Impulse kündigen sich an, wenn uns diese Karte begegnet. Wir werden lernen müssen, diesen auch die nötige Stabilität zu verleihen. Noch sind wir zu leicht verführbar und lassen uns von unserer Linie zu schnell ablenken. Wahrscheinlich dienen die Personen und Situationen, die von der Feuerprinzessin angezeigt werden, als Übergang zu solideren Handlungsmöglichkeiten, für die wir noch die zusätzlichen Erfahrungswerte benötigen, die wir jetzt mit Begeisterung sammeln. Wir sollten in vollen Zügen genießen, was das Leben uns im Moment zu bieten hat, doch um uns nicht die Finger zu verbrennen, sollten wir keinesfalls an unserer Umgebung festhalten oder uns gar fixieren. Das erdige Feuer ist die Glut der Leidenschaft, die sich jederzeit entflammen lässt, jedoch auch schnell wieder erlischt.

ICH: Auch wenn es verschiedenen Personen nicht passen sollte, ich werde mich jetzt keinesfalls festlegen.
DU: Meine Unbekümmertheit macht mir großen Spaß. Meine Lebendigkeit werde ich mir von niemandem zum Vorwurf machen lassen. Schließlich falle ich keinem zur Last.

DER PRINZ DER STÄBE
DIE LUFT DES FEUERS

Wie bei allen Prinzen der Fall, wird auch das Gefährt des Stäbe-Prinzen von seinem Tier, seinem Element gezogen und hat keine Bodenhaftung. Die Beweglichkeit und Schnelligkeit, die das Luftelement dem Feuer zuführt, bringt seine Energie in Analogie zu Funkenflug. Ebenso wie die Prinzessin der Stäbe steht auch er nicht gerade für Verlässlichkeit oder langlebige Aktionen.

Voller Hingabe lässt er sich leiten, ohne sich allerdings wirklich bewusst darüber zu sein, in welche Handlungen seine Begeisterung letztlich einmünden wird. Fundierte Resultate sind nicht, was er anstrebt. Dazu fehlt ihm noch die nötige Bodenhaftung und Ernsthaftigkeit.

Entscheidend ist die Herzensöffnung, die in ihm gerade stattfindet und das tiefe Wissen, dass er zum Licht geführt wird, indem er sich auf den Willen des Ganzen einlässt. Übermütig und stürmisch lässt er sich vorwärts ziehen in neue Herrschaftsbereiche. In Analogie zu Arkanum IV, *Der Kaiser*, hält er seine Beine in Form einer 4 gekreuzt, was uns neue Eroberungen und Erlebnisse ankündigt, die unseren Idealen entsprechen.

Ähnlich wie die Stäbe-Prinzessin kann er durchaus launisch auftreten, und manchmal geht sein überschäumendes Temperament mit ihm durch. Wenn er als unser Verbündeter auftritt, werden uns seine sprühenden Ideen helfen, alt eingefahrene Wege jetzt zu verlassen. Seinen gewaltigen Appetit nach Leben und Abenteuer müssen wir bei unseren Vorhaben allerdings jeden Moment berücksichtigen. Das Feuer seiner Begeisterung braucht ununterbrochen Nahrung und muss aufrecht erhalten werden, sonst wendet sich sein luftig-feuriges Temperament spontan neuen Zielen zu, und er verschwindet schneller aus unserem Blickfeld, als wir ihm hinterher blicken können. Er benötigt eine gewisse Führung, die jedoch niemals als Kontrolle ausgeübt werden darf. Strategisches Vorgehen ist in seiner Frequenz nicht angesagt, vielmehr sollten wir mit der begeisterten Hingabe unseres inneren Kindes den Hinweisen folgen, die wir erhalten. Wenn wir im Sinne unserer Frage weniger berechnend vorgehen und uns statt dessen beweglicher als sonst verhalten, kann dies unserem Vorhaben keineswegs schaden.

ICH: Die gewohnte Routine kann mich längst nicht mehr begeistern. Ich benötige genügend Freiräume, um mich voll entfalten zu können.
DU: Ich bin kraftvoll und voller Begeisterung. Ich brauche unbedingt eine konkrete Herausforderung.

DIE KÖNIGIN DER STÄBE
DAS WASSER DES FEUERS

Die Königin der Stäbe ist eine sehr bewusste und auch starke Frau, die einen beträchtlichen Reifungsprozess hinter sich gebracht hat. Sie begegnet uns mit geschlossenen Augen, denn sie ist zentriert und ruht in sich selbst. Die Visionen (Wasser des Feuers), die sie tief in ihrem Inneren erhält, wird sie willentlich nach außen tragen können. Selbständigkeit und Beharrlichkeit sind ihre Charakterstärken. Wie ihr jugendliches Pendant, die Prinzessin der Stäbe, besitzt auch sie starke erotische Ausstrahlung und große Anziehungskraft. Doch ihr Hauptmerkmal ist ihre natürliche weibliche Autorität. Blicken Sie, wenn Sie an einem Lagerfeuer sitzen, in die oberhalb der Flammen entstehenden Spiegelungen, und Sie werden der Feuerkönigin begegnen.

Der Stab in ihrer Hand verbindet den oberen Bildrand mit dem unteren. Dies zeigt uns, dass beim Ziehen der Stäbe-Königin die Möglichkeit für uns besteht, geistige Bereiche, Visionen zur Erde zu holen, Resultat unserer Erfahrungen, die wir jetzt umsetzen können. Sie symbolisiert das Produkt und die Belohnung bestandener Abenteuer. Die Feuerkönigin hat durch die Integration ihrer Vergangenheit ihren inneren Frieden gefunden. Sie ist selbstbewusst und weiß genau, was sie will.

Zu ihren Füßen sehen wir den Leoparden, ihr inneres Raubtier, das von der Stäbe-Königin gezähmt und integriert wurde. Die schwarzen Flecken auf dessen Fell zeigen uns, dass die Königin der Stäbe ihre eigene, oftmals wilde und ungezügelte Vergangenheit nicht vergessen und verdrängt hat. Dies ist der Grund für ihr Verständnis und ihre hohe Toleranz. Wir sollten diese Toleranz jedoch nicht als Schwäche missverstehen, denn das Raubtier (Feuer) an ihrer Seite ist Teil ihres Wesens und gehört mit zu ihren Eigenschaften – wir sollten ihre starke Willenskraft niemals unterschätzen. (Die Temperatur oberhalb des Feuers ist höher als im Feuer selbst!) Ihr weit entwickeltes Willenspotential ermöglicht es ihr, in Unabhängigkeit und Eigenverantwortung ihr Leben selbst zu arrangieren.

Sie strahlt Kraft und Seelenwärme aus. Allerdings muss sie darauf achten, dass ihre Unabhängigkeit nicht in ungesunden Egoismus umkippt. Ihre Position auf der Karte zeigt uns, dass ihr die Welt zu Füßen liegt. Ihre starke Willenskraft ermöglicht es ihr, den Bodenkontakt zu halten, was anzeigt, dass unser Vorhaben beim Ziehen dieser Karte gelingen wird, wenn wir nicht selbstsüchtig handeln.

ICH: Ich habe in der Vergangenheit genügend Erfahrungen gesammelt und Du brauchst mir wirklich nichts vormachen, nur um mir zu imponieren.
DU: Du solltest meine Ruhe nicht mit Schüchternheit verwechseln. Es interessiert mich absolut nicht, wie toll Du bist. Wenn Du nur Bewunderungszwerge suchst, bist Du bei mir falsch.

DER RITTER DER STÄBE
DAS FEUER DES FEUERS

Der Ritter der Stäbe trägt die Feuerfackel, das Ass der Stäbe, in seiner Hand. Die sprühenden Funkenexplosionen, die er auf seinen Wegen hinterlässt, können uns in Kontakt mit den Sternen bringen oder aber auch in einen alles verschlingenden Flächenbrand ausarten. Mit seinem extrem starken Willen infiziert der König des Feuers seine Umwelt regelrecht und drückt dieser seinen Stempel auf. Das Bild erinnert an einen Flammenwerfer. Er steht für unsere Offensivkraft ebenso, wie für unser Aggressionspotential.

Ent-zünden kann der Feuer-Reiter seine Umgebung allemal, also sollte er seinen Willen gezielt, keinesfalls aggressiv einsetzen. Er sollte mit größter Aufmerksamkeit auf die erforderliche Dosierung seiner starken Kräfte achten, damit diese in konstruktive Kanäle einmünden. Hierzu ist er auch in der Lage, denn wie alle Ritter sitzt er *auf* seinem Pferd. Dies bedeutet, dass er das Element, welches er vertritt, kontrollieren und in Zaum halten kann.

Beim Ziehen der Karte wird uns gezeigt, dass die Hindernisse jetzt aus dem Weg geräumt werden können und wir unsere Angelegenheit in die eigene Hand nehmen werden, wenn wir die sich uns bietende Gelegenheit offensiv angehen, sozusagen den Stier bei den Hörnern packen. Wir werden unseren Einflussbereich vergrößern und unser Vorhaben wird zwangsläufig auch Auswirkungen auf unser Umfeld haben. Doch sollten wir unbedingt in Kontakt mit unserem Herzen bleiben und uns anderen Beteiligten gegenüber so verhalten, dass jeder seine Würde bewahren kann (Wohlwollen). Wir können uns dies leisten, denn wir nehmen jetzt die Führungsrolle ein, die uns zusteht. Die Karte kann auch einen Boten oder eine Botschaft symbolisieren, dessen Nachricht uns neue Möglichkeiten eröffnet.

Die Warnung beim Ziehen der Karte lautet, dass wir das Schicksal jetzt nicht zu sehr herausfordern sollten, nur weil wir alles auf einmal und sofort wollen. Ein zu hohes Pokern, unüberlegtes und zu spontanes Handeln könnte sich negativ, eben als Flächenbrand auswirken, in den wir zusätzlich auch noch andere Beteiligte mit hineinreiten würden. Insgesamt öffnet sich unser offensives Potential, das uns neue Möglichkeiten erschließen wird. Angefragte Situationen, welche durch den Feuerreiter symbolisiert werden, erreichen unser Leben mit Wucht und Dynamik, wir werden alle Hände voll zu tun bekommen. Wenn unsere Motive ehrlicher Natur sind, wird uns der Erfolg sicher sein.

ICH: Lange genug habe ich die zweite Geige gespielt. Jetzt werde ich mir endlich holen, was mir zusteht. Ich werde alle Hindernisse aus dem Weg räumen.
DU: Die versteckte Nadel im Heuhaufen findet man, indem man das Heu in Brand setzt. Gib mir besser freiwillig den Platz, den ich brauche!

DIE PRINZESSIN DER KELCHE
DIE ERDE DES WASSERS

Die Tochter des Wassers wirkt auf uns ähnlich anziehend und verführerisch wie die Prinzessin der Stäbe, nur steht hier weniger der leidenschaftliche Aspekt im Vordergrund als vielmehr unser Gefühlsleben. Sie ist erheblich tiefer in Kontakt mit ihrem inneren Erleben als ihre Feuer-Schwester. Oft ist sie mit ihrer Gefühlswelt regelrecht verhaftet, was sie sehr verletzbar macht. Einerseits neigt sie dazu, sich zu schützen (Schildkröte), andererseits zeigen die Kristalle auf ihrem fließenden Kleid an, dass sie ihre Gefühle kristallklar erkennt. Durch das erdige Element im Wasser wird die Verfestigung der Gefühle ebenso angekündigt wie auch die Gefahr der Erstarrung. Es gilt, den freien Fluss zu bewahren und sich nicht in träumerischen Sehnsüchten zu verlieren.

Der Kontakt zu unserer Intuition ist hergestellt, und wir sollten uns entspannt auf unsere innere Stimme konzentrieren. Abgrenzung kann angesprochen sein, die jedoch niemals in Ausgrenzung umschlagen darf. Der nötige Schutz darf nicht mit Flucht verwechselt werden. Wir sollten uns vor übertriebener Eifersucht hüten, denn der Mensch, den wir lieben, ist nicht unser Besitz. Wenn wir uns aus dieser Position heraus auf die Gefühlstiefe einlassen, die von der Kelche-Prinzessin angekündigt wird, kann viel Eis schmelzen, und wir befreien uns aus Verhaftungen, die den freien Fluss unserer Gefühle bisher verhindert hatten.

Unsere Sensibilität – vielleicht auch Sensitivität – ist in diesen Zeiten besonders hoch, und wir können uns in unsere Umgebung tief hineinfühlen, was Segen wie Fluch sein kann. Deshalb ist unsere Achtsamkeit angesprochen. Es gilt zu erspüren, wie weit wir uns abgrenzen sollten beziehungsweise worauf wir uns tief einlassen können. Wir sollten uns nicht fixieren und dem Glauben erliegen, dass jeder Mensch seine Welt auf die genau gleiche Art empfindet wie wir selbst. Die Prinzessin der Kelche glaubt nur allzu gerne, dass ihre Empfindungen allgemeingültig wären und neigt deshalb zu der Projektion, sie allein wisse, was das Beste für uns zu sein hat. Doch wenn wir aufmerksam auf das Raunen unserer inneren Stimme achten und unseren Ahnungen folgen, liegen wir richtig und können uns vom Leben zutiefst berühren lassen. Wir sind in romantischer Stimmung und lassen uns von unserer Welt bezaubern.

ICH: Über meine Gefühle sollte ich mir eigentlich längst klar sein, doch ich liebe es nun mal, zu träumen.

DU: Wenn ich mich manchmal zu sehr zurückziehe, dann nur deswegen, weil ich mir nicht anders zu helfen weiß. Wenn mein Vertrauen zu Dir wächst, werde ich aus der Reserve kommen.

DER PRINZ DER KELCHE
DIE LUFT DES WASSERS

Sie stehen am Ufer eines morgendlichen Sees, über welchem Nebelschwaden hängen. Wenn Sie sich in diese Wolkenwelt hineinversetzen, lernen Sie das Zuhause des Prinzen der Kelche kennen. Er ist ein Romantiker und verhält sich leicht und elastisch, doch bald wird die warme Tagessonne scheinen. Dann wissen wir nicht, ob der Dunst seiner Gefühle noch einmal in den Farben des Regenbogens schillern und sich dann in Luft auflösen wird, oder ob seine Wolken sich verdichten und feste Tropfen bilden werden, die zur Erde fallen und sich mit dem See vereinen wollen.

Er begegnet uns im weitesten Sinne als der Vorbote der Liebe, denn der Wasserprinz erweckt unsere Sehnsucht und auch unser Begehren. Die luftige Seite des Wassers rät uns einerseits, unsere Gefühle intensiv auszuleben und auf alle Rufe zu achten, die uns zu freudvollen Erlebnissen führen können. Doch falsche Versprechungen, die wir später dann wahrscheinlich doch nicht werden einlösen können, sollten wir jetzt keine abgeben.

Sollten wir eine Zeit der Schmerzen erlebt haben, kündigt der Wasserprinz uns das Ende dieser Phase an. Wir werden nicht länger der Spielball unserer Emotionen sein. Oft steht der Prinz der Kelche auch für Zeiten, in denen mehrere Personen unsere Nähe suchen und Gefühle für uns hegen. Die Versuchung, zu frühe Bindungen einzugehen, ist groß, doch das Eintauchen in die Wasser, über welchen der Adler fliegt, haben wir noch vor uns. Je bewusster wir jetzt unsere Gefühle wahrnehmen, desto reicher wird der Lohn ausfallen.

Durch das Erkennen unserer wahren Wünsche und der Motivation, die hinter diesen liegt, können wir uns von ihnen leiten lassen und in bisher ungeahnte emotionale Tiefen vordringen. Dies bedeutet, dass wir unsere Empfindungen daraufhin hinterfragen sollten, ob sie echt und unverfälscht, keinesfalls »verwässert« sind. Neue und uns tief berührende Begegnungen sind möglich, doch ist jetzt ausschließlich die Gegenwart maßgeblich. Treten Sie nicht verkrampft auf, und versuchen Sie keinesfalls, mit der Brechstange ans Ziel zu gelangen. Besser, Sie leben Ihren Charme aus. Verwöhnen Sie und lassen Sie sich verwöhnen. Beschleunigen Sie nichts, sondern verhalten Sie sich geschmeidig wie eine Wolke.

ICH: Besser, wenn ich jetzt noch keine Versprechungen abgebe, sondern statt dessen meine Erfahrungen sammle. Ich werde lernen, meinen wahren Gefühlen zu vertrauen.

DU: Warum soll ich mich jetzt schon festlegen, wenn das Leben doch so viele bunte Facetten hat? Lass uns doch einfach die Gegenwart ohne Gestern und ohne Morgen genießen!

DIE KÖNIGIN DER KELCHE
DAS WASSER DES WASSERS

Wenn es möglich ist, den Zustand des Wassers im Wasser bildlich wiederzugeben, finden wir ihn auf der Abbildung der Kelche-Königin. Wie ein Taucher, der ab einer gewissen Wassertiefe nicht mehr weiß, wo oben und wo unten ist, haben wir gerade keine Orientierung. Ein aktiver Schritt vorwärts ist nicht möglich, denn wir wissen nicht, in welche Richtung wir uns bewegen sollen. Unsere einzige Möglichkeit besteht darin, dass wir uns treiben und fallen lassen, um so an den Grund des symbolischen Meeres unserer Gefühle zu gelangen. Nur so werden wir zu gegebener Zeit wieder festen Boden unter unseren Füßen haben.

Die Hüterin des Wassers – Deva der Nixen und Undinen – strahlt Mütterlichkeit und Güte aus. Tiefes Mitgefühl ist ihre Natur und ihr Wesen. Sie weiß um das Geheimnis der inneren Weiblichkeit und trägt dieses nach außen. So tritt sie in Kontakt mit unserer Seele und bringt die Heilung unserer Gefühle. Sie erinnert uns daran, dass wir uns dem Leben hingeben sollten und dass es manchmal sinnvoller sein kann, die Dinge einfach geschehen zu lassen ohne einzugreifen. Auf diese Art wird der Raum frei, den die Liebe benötigt, die in unser Leben treten und uns beschenken will.

Noch ist das Gesicht der Königin verschwommen und fast nicht zu erkennen. Aber wenn wir den Ahnungen, die gerade beginnen, sich an der Oberfläche unseres Bewusstseins abzuzeichnen, Vertrauen schenken und unseren Gefühlen weiterhin folgen, werden sich die Konturen immer klarer herausbilden und feste Form, klare Umrisse erhalten. Wir werden immer konkreter erkennen können, wo es uns hinzieht (Personen, Umfeld, Befinden) und die entsprechenden Schritte unternehmen. Bald werden wir uns klar darüber sein, mit wem oder was wir in Gefühlskontakt treten und uns austauschen werden.

Im Moment jedoch würde sich jede Aktivität lediglich als Ablenkungsmanöver erweisen. Statt dessen sollten wir uns noch tiefer auf unsere Gefühle einlassen und uns dann ausschließlich nach diesen richten. Ohne Anstrengung können wir mit unserer Traum- und Phantasiewelt in Kontakt treten und uns dort zurechtfinden. Dabei ist völlig gleichgültig, ob es sich um Tag- oder Nachtträume handelt. Das in jener Welt Entdeckte zukünftig in die Alltagsrealität zu holen, ist die Möglichkeit, die uns diese Karte bietet.

ICH: Eigentlich will ich mich für den Moment einfach nur treiben lassen und keine Entscheidungen treffen. Wohin ich meine Schritte lenken soll, ist mir ohnehin noch nicht klar.

DU: Ich habe die Orientierung verloren und weiß nicht mehr so recht, wo mir der Kopf steht.

DER RITTER DER KELCHE
DAS FEUER DES WASSERS

Der Ritter des Wassers bietet uns den Kelch an, dem der Krebs entsteigt. Diese Symbolik zeigt uns, dass er uns seine Emotionen (Sternzeichen Krebs) zeigt und uns einlädt, an diesen teilzuhaben. In den Tiefen des

Meeres seiner Gefühle hat er den Grund erreicht und sich von dort wieder abgestoßen, um erneut zur Oberfläche aufzusteigen. Dies ist die Voraussetzung dafür, dass er die Dynamik, die das Feuer dem Wasser verleiht, in aller Offenheit zum Ausdruck bringen kann. Das Wasser ist so hoch erhitzt, dass heißer Dampf entsteht, der enormes Kraftpotential in sich trägt. Seine Gefühle brauchen unbedingt einen Kanal und müssen nach außen entweichen. Wenn er keine sinnvolle Möglichkeit erhält, um sich auszuleben, wird der Wasserreiter unter Druck geraten.

Die Karte zeigt entweder an, dass ein Mensch gerade Gefühle für uns hegt und uns dies auch zeigen will, oder wir selbst sind die Person, deren Gefühle sich gerade erhitzen und sich Ausdruck verschaffen sollten. Dies gilt für Menschen selbstredend genauso wie für entsprechende Situationen, die mit dieser Karte umrissen werden.

Das Ziehen der Karte rät uns, unsere Gefühle jetzt auszuleben, doch warnt sie uns gleichzeitig davor, aufgrund zu hoher Erwartungshaltung die Dinge herbeizwingen zu wollen. Verbrühen Sie sich nicht die Finger, sondern achten Sie auf die sinnvolle Umsetzung Ihres Gefühlslebens! Allzu häufig begegnet uns der Wasserreiter Besitz ergreifend und einengend. Er hält Gefühle für Investitionen und erwartet die entsprechende Gegenleistung von uns. Die Gefahr des Helfersyndroms kann ebenfalls angesprochen sein. Sollte er den Reifegrad noch nicht erreicht haben und wissen, dass das Zeigen echter Gefühle von Herzen kommen muss und mit keiner Erwartungshaltung verbunden sein darf, steht für ihn jetzt an, genau dies zu lernen. Der Kelche-Ritter könnte glauben, dass ausschließlich er weiß, was das Beste für uns zu sein hat. Der Krebs, den er aus den Tiefen des Wassers mitgebracht hat, könnte sich wieder in den Kelch zurückziehen, ohne diesen verlassen zu haben.

ICH: Wenn ich jetzt nicht endlich Dampf ablassen und meinen Emotionen freien Lauf lassen kann, werde ich platzen.

DU: Was soll die ganze Logik und Strategie, wenn doch meine Gefühle schon längst wissen, wo sie hinwollen?

DIE PRINZESSIN DER SCHWERTER
DIE ERDE DER LUFT

Mit der Tochter des Luftelements treffen wir auf eine äußerst revolutionäre Energie. Sie provoziert uns, wenn es sein muss, bis aufs Messer – aufs Schwert – und schaltet auch keinen Gang zurück, wenn es »dicke Luft« gibt. Ihr Schwert wird die Luft-Tochter mit Sicherheit nicht zum harmonischen Zerteilen der Frühstücksbrötchen benützen, sondern als wirkungsvolle Waffe einsetzen. Sie repräsentiert den Typ der jugendlichen Aufsässigen, die auch vor den alten, ach so heiligen Altären nicht Halt macht.

Ihre Befreiungsaktion sollte unbedingt konstruktiv verlaufen, was uns dazu auffordert, aber auch mahnt, das gemeinsame Ziel unserer Angelegenheit nicht aus den Augen zu verlieren. Im Sinne der Schwert-Karten muss unbedingt darauf geachtet werden, die angefragte Situation nicht eskalieren zu lassen, denn möglicherweise liegt Streit in der Luft.

Mit klarem Blick erkennt die Tochter der Luft, welche Erneuerungen wir derzeit brauchen, um an unsere Kreativität zu gelangen und diese dann auch zu konkreten Absichten zu verdichten. Sie sollte ihre ungezügelten Launen in den Griff bekommen, nur dann kann sie gezielt aus dem Weg räumen, was uns bisher unfrei gemacht hat.

Wenn die Luft zum Schneiden ist, wenn wir glauben, vor Beengung nicht mehr atmen zu können, tritt sie auf die Bühne, um ihr Schwert in weitem Bogen zu schwingen. Für die nötige Ruhe und Gelassenheit, um diplomatisch vorzugehen, fehlt ihr oftmals die erforderliche Reife.

Möglich, dass wir uns schmollend oder grollend zurückgezogen haben und nicht so recht wissen, wie wir uns aus dieser festgefahrenen Situation wieder befreien können. Dann ist die Prinzessin der Schwerter die Aufforderung an uns, jetzt die Dinge beim Namen zu nennen, auch wenn es sich um unangenehme Tatsachen handeln sollte, die es anzusprechen gilt. Mit der nötigen Diplomatie und zugleich Konsequenz sollten wir unsere Meinung vertreten, ohne die Dinge eskalieren zu lassen. Schuldzuweisungen und Vorwürfe sind nicht das geeignete Rezept. Wir sollten unseren Intellekt und vor allem unsere Rhetorik unbedingt Ziel gerichtet einsetzen.

ICH: Wenn ich lange genug gegen den Strom schwimme, werde ich letztlich zur Quelle gelangen. Ich bin bereit, für meine Ideale zu kämpfen.

DU: Bei der dicken Luft, die gerade herrscht, sollte ein reinigendes Gewitter für Klarheit sorgen. Bist Du bereit für offene Worte?

DER PRINZ DER SCHWERTER
DIE LUFT DER LUFT

Als die Fische das Wasser verließen und sich im Sinne der Evolution zu Amphibien entwickelten, war dies der Freudensprung des Lebens und der Prinz der Schwerter stand bei diesem Sprung Pate. Der Sohn der Luft setzt sich über alle bestehenden Regeln hinweg, denn die Schnelligkeit seines Denkens befähigt ihn zu Gedankensprüngen der besonderen Art. Für den Durchschnittsmenschen bewegt er sich auf des Messers Schneide zwischen Genie und Wahnsinn und wer von ihm Bodenständigkeit oder Zuverlässigkeit erwartet, wird enttäuscht werden. Er öffnet uns die

Türen zu neuen Gedankenwelten, doch im Gegensatz zu seiner Schwester, der Prinzessin der Schwerter, verhält er sich taktisch geschickter. Er ist intellektuell wendig und schlau, mitunter auch gerissen.

In der Frequenz der flüchtigen Luft ist es von hoher Bedeutung, dass wir unser Gefühlsleben kontaktieren, denn es besteht die Gefahr, dieses dem Intellekt völlig unterzuordnen und unsere Gefühle dabei zu überspielen – egozentrisches Hirn-Kino wäre die Folge. Wir sollten jetzt lernen, welche unserer Theorien sich in der Praxis auch realistisch umsetzen lassen können. Sprühende und überschäumende Ideen müssen auf ihre Realisierbarkeit hin erprobt werden. Wir sollten uns auf einen konkreten Standpunkt festlegen und unsere Sprunghaftigkeit in den Griff bekommen. Vor allem unser Umfeld braucht jetzt unbedingt den Raum und die Zeit, unsere neuen Horizonte nachzuvollziehen.

Der Prinz ist ein Freund der schnellen Entscheidungen und kann uns sehr hilfreich sein, wenn wir solche treffen müssen. Doch seine Voreiligkeit darf uns nicht dazu verführen, die Basis außer Acht zu lassen, die wir als Sprungbrett für unsere Ideen und Gedankenblitze benötigen. Stets lassen wir alte Gewohnheiten hinter uns, wenn wir diese Karte ziehen. Menschen, häufig aus unserem familiären Umfeld, welche an genau diesen Gewohnheiten weiterhin festhalten und auch uns in der Zukunft lieber in unserer alten Rolle verharren sehen wollen, werden wir zwangsläufig hinter uns lassen müssen. Wir werden in neue Bereiche vorstoßen, die unsere geistige Wendigkeit herausfordern. Neue Ideen lassen sich bald verwirklichen.

ICH: Was gestern gültig war, muss heute längst nicht mehr das Maß aller Dinge sein. Könnte hier vielleicht jemand registrieren, dass die Zeit nicht stehen geblieben ist?

DU: Ich werde mich nicht länger einschränken lassen, nur weil man früher mal dies und das gemacht hat. Ich bin doch schließlich kein/e ewig Gestrige/r!

DIE KÖNIGIN DER SCHWERTER
DAS WASSER DER LUFT

Die Schwerter-Königin hat ihre und unsere Masken des Rollenspiels heruntergerissen. Das Abtrennen alter Bärte und Zöpfe hat ihren Blick geöffnet für die Weite gedanklicher Vorstellungen. Klar sieht sie auf den Grund der Dinge, denn mit gesundem Verstand und unbestechlicher Logik ist sie hinter die Gitter bisheriger Verhaltensmuster vorgestoßen. Sie ist zu tiefen Einsichten und klaren Erkenntnissen gelangt. Wenn sie ihren eher kühlen Intellekt, der oft mit Distanziertheit einhergeht, mit der Wärme ihres Herzens zu verbinden weiß, kann dies durchaus als Weisheit bezeichnet werden.

Sie schreckt auch vor schmerzhaften Eingriffen nicht zurück, um alte Muster zu durchstoßen, was sie manchmal als rücksichtslos erscheinen lässt. Doch mit der Intention einer Chirurgin ist sie bereit, kranke Strukturen zu durchtrennen, um unsere Heilung einzuleiten. Männer finden in ihr nicht nur eine ebenbürtige, häufig magisch orientierte Partnerin, sondern, wenn die Umstände dies erfordern sollten, auch eine Ernst zu nehmende Feindin. Ihre hohe Kritikfähigkeit schlägt dann um in Streit und Krieg. Möglicherweise greift sie in diesem Fall zum Mittel der Intrigen und ihr Zynismus und ihre Bissigkeit schlagen ihrem Gegner tiefe Wunden. (Für Männer, die sich gerade, in welchem Umfeld auch immer, emanzipieren, gilt selbstredend Gleiches). Wenn es ihr gelingt, Frieden mit ihrem inneren Mann zu schließen, kann sie bis zum Kontakt mit ihrem inneren Kind vorstoßen. Hier liegt die große Herausforderung und Chance der Königin. Wir haben beim Ziehen der

Karte die Aufgabe, das Fühlen in den laufenden Prozess mit einzubeziehen.

Wenn wir mit konsequenter Logik zum Grund der Dinge vordringen und uns dabei von alten Verstrickungen jeglicher Art verabschieden, bringt dies oft Zeiten des Alleinseins mit sich. Wenn wir dann jedoch nicht spröde, eigenbrötlerisch oder lebensfeindlich werden, sondern weiterhin darauf achten, dass unser Herz nicht erkaltet, sind wir auf dem besten Wege, unsere neuen Erkenntnisse auch zu leben und Herzenskontakt mit unserer Umwelt herzustellen. Dann ist die Umwölkung durchstoßen, und die Klarheit wird zu Ein-Sicht.

ICH: Glaubst Du wirklich, ich falle auf Deinen faulen Zauber herein? Wenn man Löffel und Gabel neben das Messer legt, sieht die Sache ganz harmlos aus.

DU: Glaube ja nicht, dass ich meine Waffen nicht auch zu gebrauchen wüsste. Unterschätze mich besser nicht!

DER RITTER DER SCHWERTER
DAS FEUER DER LUFT

Der Luftreiter ist einerseits auf das Äußerste konzentriert, doch zugleich ist er gedanklich schnell und flexibel genug, um die Richtung seines Fluges jederzeit zu wechseln. Er hat die Fähigkeit, die Gemeinsamkeit vermeintlich gegensätzlicher Positionen zu erkennen. Aufgrund seiner hohen Geschwindigkeit kann er die Vereinigung von Gedankenpolen vollziehen, die bislang keine Übereinstimmungen aufzuweisen hatten. Doch darf er sich im Wirbel seiner Ideen und Erkenntnisse nicht verlieren, sondern muss unbedingt den Kontakt zur Erde, insbesondere zu seinen Gefühlen halten.

Immer sollte die Fragestellerin die Geschwindigkeit etwas drosseln, zumindest nicht weiter erhöhen, denn diese ist bereits sehr hoch. Die Angelegenheit kann auch gelöst werden – sich lösen –, wenn man sich eine Atempause gönnt, denn mit dem Ziehen dieser Karte kann unsere Ungeduld angesprochen sein. Auf keinen Fall sollte man einem rastlosen Geschwindigkeitsrausch erliegen. Es genügt völlig zu wissen, dass wir unser Gaspedal jederzeit durchdrücken können, wenn es die Umstände erfordern sollten. Andere Beteiligte gehören auch mit zum Spiel, und wir sollten deren Geschwindigkeit unbedingt respektieren.

In negativem Umfeld werden wir vor einer schlauen Person gewarnt, der jede List Recht ist, um ihre geplanten Ziele zu erreichen. Durch rücksichtslose Skrupellosigkeit würden wir dann von jemandem über den Tisch gezogen, der über größeres Fachwissen, höhere Intelligenz oder die besser gefüllte Trickkiste verfügt als wir (die schlaue Person könnten wir natürlich auch selbst sein, die mit unredlichen Assen im Ärmel ans Ziel kommen will). Der Ritter der Schwerter sollte mit seinen Attributen unbedingt ehrlich und vorsichtig umgehen. Wenn er die Verbindung zur Erde nicht verliert, können Planungen bald in die Tat umgesetzt werden, die viele nicht für möglich gehalten hätten. Wenn uns unser gewohntes Umfeld behindern sollte, weil es unsere Gedanken nicht mehr nachvollziehen kann, wird manchmal nur die Fort-Bewegung unsere Lösung sein. Deshalb sollte man beim Ziehen dieser Karte unbedingt seine Gefühle hinterfragen. Manchmal neigt der Schwerter-Ritter durchaus dazu, das Kind mit dem Bade auszuschütten.

Wir sollten auf unsere Kontakte (»Vitamin B«) achten, die sich jetzt als nützlich erweisen könnten. Bereits bestehende Bekanntschaften können wir verstärkt intensivieren, auf neue Verbindungen gilt es offensiv zu-

zugehen. Weisheit und Integrität sind zwei Schlüsselbegriffe, die für den König der Lüfte von großer Bedeutung sein können.

ICH: Ernsthaftigkeit und Schwarzmalerei behindern eindeutig meine Phantasie. Meinem Denken sind keinerlei Grenzen gesetzt.

DU: Wenn immer alles beim Alten geblieben wäre, würden wir heute noch in dunklen Höhlen herumhocken. Also, schränke mich gefälligst nicht beim Bau meiner Luftschlösser ein.

DIE PRINZESSIN DER SCHEIBEN
DIE ERDE DER ERDE

Die Tochter der Erde ist der Ausdruck des fruchtbaren Bodens, der Neues hervorbringt. Außerhalb unseres Blickfeldes, tief im Schutze des Erdreichs verborgen, reifen die Samen heran. Bald wird das Ergebnis dieses Wachstums in unserem Gesichtskreis erscheinen. Die Zeit, um unsere Pläne in die Tat umzusetzen, ist nicht mehr fern. Wenn die Früchte, also unsere Wünsche und Ziele, bislang in einer für uns nicht erreichbaren Höhe hingen, werden auch wir bald zur erforderlichen Größe herangewachsen sein, um sie pflücken zu können.

Wenn wir nicht stagnieren oder der Trägheit erliegen, sondern unser Vorhaben kontinuierlich weiter verfolgen, werden wir von allen Seiten her die Unterstützung erhalten, die wir benötigen. »Das verborgene Wunder ist im Begriff, sich zu offenbaren.« (Zitat Crowley).

Die Prinzessin der Scheiben verkörpert eine eher schwerblütige Sinnlichkeit. Sie hat die Kraft ihrer Triebe voll integriert und zeigt uns dies durch ihr warmherziges Wesen. Weitere Stärken ihres zuverlässigen Charakters sind Bodenständigkeit und auch Ehrlichkeit. Sie ist das Salz der Erde, in dem die Fruchtbarkeit unseres Planeten enthalten ist. Der Akt der Verschmelzung von Geist und Materie findet in dieser Frequenz statt. Das Yin und Yang-Symbol auf ihrem Schild zeigt uns, dass männliche und weibliche Anteile in weitestem Sinne in Verbindung und im Einklang miteinander sind.

Fruchtbarkeit und Zuwachs, für welche diese Karte steht, können auch die Geburt eines Kindes ankündigen. Der gewölbte Bauch der Prinzessin deutet auf Schwangerschaft im weitesten wie auch im konkreten Sinn hin. Die Möglichkeit der körperlichen Schwangerschaft wird verstärkt durch das Ausliegen von Arkanum III, *Die Kaiserin,* und den Drei Kelchen. Stets steht die Prinzessin der Scheiben für den unbeirrbaren, kontinuierlichen und gut geschützten, jedoch nicht unbedingt bereits erkennbaren Reifungsprozess unserer Angelegenheit.

So kann man bald das Vorhaben in die Tat umsetzen, das im Einklang mit unseren Wünschen steht. Wir werden diese verwirklichen, denn wir besitzen große Schöpferkraft im Moment, und der Boden, auf dem wir uns befinden, ist von fruchtbarer Natur.

ICH: Lieber warte ich noch eine Weile, bevor ich mich zu früh auf etwas einlasse. Süße Früchte reifen gerade heran.
DU: Ich weiß, dass ich es wert bin, die Früchte meiner Anstrengungen bald zu ernten und ich kann warten.

DER PRINZ DER SCHEIBEN
DIE LUFT DER ERDE

Der Scheiben-Prinz gehört zu den stärksten Erfolgskarten im Deck. Der Ochse, der den Wagen des Prinzen vorwärts zieht, bringt die enorme Kraft zum Ausdruck, die hier in Bewegung geraten ist. Erneut begegnen wir einer fast nackten Person, die ihre Verletzbarkeit und auch Sinnlichkeit offen zeigt. Er hat ein warmes Herz, und man kann sich auf ihn verlassen. Unbeirrbar verfolgt er sein gesetztes Ziel, und nichts wird ihn auf seinem Weg aufhalten können.

Wenn wir im Einklang mit unserer vorgegebenen Zeitspur bleiben, werden wir unsere Angelegenheit auch erfolgreich verwirklichen können. Wahrscheinlich können wir aus eigener Kraft gerade nicht sonderlich viel zu unserem Vorhaben beisteuern, doch ändert dies nichts an dessen Wachstum, denn in Bewegung ist unsere Sache allemal. Alles ist auf den Weg gebracht und wird zum richtigen Zeitpunkt in unserer greifbaren Nähe sein. Bildlich gesprochen wird unser Pollen gerade vom Wind zu genau jener Blüte transportiert, die für die Befruchtung bereit ist und auf ihn wartet. Diese Blüte wird für unsere Sache die bestmögliche sein, doch obliegt die Lenkung des Pollens dem Wind und nicht dem Pollen – die Götter dulden gerade unseren Einspruch nicht!

Der Erdenprinz sagt uns, dass wir uns auf gewünschte Ergebnisse gerade zielstrebig zu bewegen. Den Lauf der Dinge können wir weder beschleunigen noch können wir in sein stetes Werden eingreifen. Doch wir werden zu gegebener Zeit die Resultate unserer vergangenen Aktivitäten in Empfang nehmen dürfen. Der erreichte Zustand wird bald der Ausgangspunkt für neue Handlungen sein. Zweifel oder auch hektische Betriebsamkeit würden die sensible Angelegenheit ins Wanken bringen und lediglich Zeit verzögern und damit für das gesamte Vorhaben nur unnötige Gefahr heraufbeschwören – Ungeduld wäre der falsche Ratgeber!

Das Zepter, welches der Prinz auf seinem Wagen mit sich führt, wird vom gleichschenkligen Kreuz gekrönt. Innen und Außen finden gerade zueinander und alle Handlungsmöglichkeiten werden uns offen stehen, wenn das Abwarten ein Ende hat. Bestätigt wird dieses Versprechen durch die Weltkugel, welche der Prinz der Scheiben im Arm hält. Die Dinge entwickeln sich gerade – und sie entwickeln sich zu unserem Besten!

ICH: Es wird zwar noch seine Zeit brauchen, bis ich mich über die Resultate meiner Arbeit freuen kann, doch meine eingeschlagene Richtung stimmt.
DU: Ich habe getan, was zu tun war und kann jetzt in Ruhe abwarten, wie sich die Dinge entwickeln werden.

DIE KÖNIGIN DER SCHEIBEN
DAS WASSER DER ERDE

Wenn die Erde von Feuchtigkeit durchdrungen wird, hat dies große Fruchtbarkeit zur Folge. Die Mutter der Erde blickt zurück auf karge Zeiten, in welchen sie Dürre und Verzicht zu durchleben hatte. Die Windungen des Pfades (Flusses), der die hinter ihr liegende Wüste durchquert, sind der kurvenreiche und mühsame Weg, dem sie bislang folgen musste, um an die Stelle (Kreuzung) zu gelangen, an welcher sie sich jetzt befindet. Mit Achtsamkeit und Konzentration geht sie in sich, bevor sie sich aufmachen wird in fruchtbares und dicht bewachsenes Land. Zeiten des Wachstums, vielfältige Möglichkeiten und neue Erfahrungen kündigen sich an, in denen sie ihren Instinkten (Tier) wird vertrauen müssen, denn beim Betreten des Neulandes weiß sie nicht, was auf sie zukommen wird. In jedem Fall werden es fruchtbare Zeiten sein.

Doch noch blickt sie von erhöhter Position aus zurück, ruhend und im Kontakt mit der Erde. Sie hat endlich »festen Boden unter den Füßen«, sammelt ihre Kräfte und rekapituliert, was sie in der Vergangenheit erfahren, gelernt und auch entbehrt hat. Dies verschafft ihr die Ausgangsbasis – materieller und gesundheitlicher Natur –, um sich auf neuem Terrain zurechtzufinden und den größtmöglichen Nutzen aus der Zukunft zu ziehen. Schlummernde Kräfte und bisher unentdeckte Seiten ihres Wesens kann sie aus dieser Position heraus entdecken und entfalten. Sie kennt ihre wahren Wünsche, weil sie in der Vergangenheit auf das Nötigste reduziert wurde. Welchen Wegen sie letztlich folgen wird, um diese zu verwirklichen, wird sie erst entscheiden, wenn sie wieder in Bewegung sein wird.

Überflüssigen und künstlichen Verlockungen sollten wir jetzt nicht mehr erliegen, wenn wir den Rat der Königin befolgen. Ins Erdreich eindringendes Wasser darf kein »Versumpfen« unserer Angelegenheit zur Folge haben. Erfahrungswerte für die gezielte Umsetzung unseres Vorhabens haben wir zur Genüge gesammelt!

Es ist wichtig, in dieser Position der Ruhe und Besinnung nicht bis ans Ende unserer Tage zu verharren, sondern, wenn es an der Zeit ist, aufzustehen und ins fruchtbare Neuland auch tatsächlich vorzudringen. Geduldig und voller Vertrauen können wir den richtigen Zeitpunkt abwarten und dann mit festem Untergrund unter unseren Füßen in jene Bereiche vorstoßen, nach denen wir beim Ziehen der Karte gefragt haben.

ICH: Nach den anstrengenden Zeiten der Vergangenheit bin ich endlich zur Ruhe gekommen. Ich werde meinem Leben eine neue Richtung geben.

DU: Bevor ich an neue Herausforderungen herangehe, muss ich erst einmal durchatmen und mir den nötigen Überblick verschaffen.

DER RITTER DER SCHEIBEN
DAS FEUER DER ERDE

Die Rüstung des Ritters der Scheiben, die an einen Panzer erinnert, ist schwarz und wirkt beengend. Dies bedeutet, dass sie ihren bisherigen Sinn erfüllt hat und die Zeit der Befreiung und des Aus-sich-Heraus-gehens für den Ritter reif, ja überfällig ist. Wahrscheinlich haben wir beim Ziehen dieser Karte große Anstrengungen hinter uns gebracht. Die Samen, die wir in der Vergangenheit gesetzt haben, sind längst aufge-gangen und tragen jetzt Früchte.

Das Feuer der Erde sagt uns, dass wir willentlich »Berge versetzen« könnten (Vulkanausbruch). Wir können an uns selbst und an die uns in-newohnende Kraft glauben und uns mit ganzem Wesen in die befragte Angelegenheit einbringen – es ist Erntezeit! Der Ritter bräuchte lediglich abzusteigen und ans Werk zu gehen. Wir sind symbolisch zur Magma des Erdinneren vorgestoßen, wo der Urzustand unseres Planeten erhal-ten geblieben ist. Wir haben die Tiefe unseres Wesens entdeckt und kön-nen jetzt, im Glauben an uns selbst, bewegen, was immer es zu bewegen gilt.

Das Schutzschild, welches ebenso wie die schwarze Rüstung zur Abwehr, sprich Abgrenzung diente, hat für den Moment seinen Zweck erfüllt. Der Ritter erzeugt mit seinem Schild konzentrische Lichtwellen, die das Panorama zu seiner Linken beleuchten. Doch ist dem Ritter sein inneres Licht (Lava!), das er auf die Umgebung ausstrahlt, noch unbewusst. Er beachtet es nicht, sondern blickt in die gleiche Richtung wie er es in der Vergangenheit getan hat. Sein Pferd beschäftigt sich bereits mit den hohen und reifen Ähren, also mit der Ernte. Wenn wir unseren Blick wenden, unsere Perspektive wechseln und in die Richtung unseres selbst erzeugten Lichts blicken, wenn wir also unsere Angelegenheit im vollen Bewusstsein unserer neuen Kräfte betrachten würden, dann würden wir sehr schnell erkennen, dass wir die Dinge nicht länger hinauszuzögern brauchen. Ein Verkrusten der feurigen Erde, ein zu frühes Resignieren bei unserer reifen und zur Ernte bereiten Angelegenheit würde gleichbedeutend sein mit dem Verpassen unserer optimalen Chancen. Stets werden wir von dieser Karte zur Aktion aufgefordert und sollten uns nicht noch länger abwartend verhalten, nur weil wir glauben, dies und jenes noch regeln zu müssen, um ausreichende Sicherheiten zu erhalten. Diese haben wir nämlich längst!

ICH: Ich spüre große Kraft in mir heranreifen. Noch ziehe ich es vor, die Ruhe zu bewahren und halte mich zurück.

DU: Wenn ich endlich in Aktion geraten werde, kann ich Großes vollbringen. Meine Umwelt wird sich erst daran gewöhnen müssen, dass ich meine Kraft auslebe.

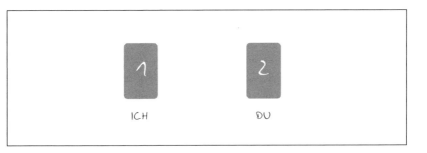

Kurze, aussagekräftige Deutungen für Ich und Du finden Sie im Anhang jeder einzelnen Karte.

Position 1 – Mein Anliegen

Die von der gezogenen Karte angezeigte Aussage kommt aus dem Bereich knapp unterhalb unserer Bewusstseinsschwelle. Die Karte verschafft uns Klarheit über unsere hintergründigen Motive.

Position 2 – Deine Antwort

Als Du ist jeder Mensch und auch jede Energie geeignet. Sie müssen sich lediglich vor Ihrer Tarot-Befragung darüber klar sein, wer – oder was – Ihnen auf Position 2 antworten soll: Ihr Liebespartner, Ihr Unbewusstes, Ihre derzeitige Lebenssituation, der Chef, die Welt ...

Ich und Du lässt sich auch zu einem Gespräch erweitern. Sie ziehen nach der erhaltenen Antwort erneut eine Karte, die wiederum eine Antwort zur Folge hat. Wenn Sie nicht das gesunde Maß aus den Augen verlieren, können Sie diesen Dialog so lange fortsetzen, wie es Ihren Zwecken dienlich ist und Ihnen Freude bereitet.

Außerdem können Sie dieses Legesystem auch durchaus mit einem reellen Gegenüber, also zu zweit praktizieren.

Position 1 – Vergangenheit

Genauer: Was gerade zu Ende geht. Positive Energien, die auf dieser Position angezeigt werden, sollten Sie in Ihr gegenwärtiges Leben mit herein transportieren und für sich nützen. Unerwünschte Energien auf dieser Position sollten Sie natürlich nach Möglichkeit hinter sich lassen.

Position 2 – Gegenwart

Ihre befragte Angelegenheit aus neutraler, objektiver Sicht gesehen.

Position 3 – Zukunft

Genauer: Was gerade beginnt. Sie können die hier angezeigte Energie abmildern, verstärken, oder auch ändern. (Siehe Legesystem Das Alte Kreuz, Position 6 und Kapitel Zukunftsprognosen)

LEGESYSTEM
DAS KLEINE KREUZ

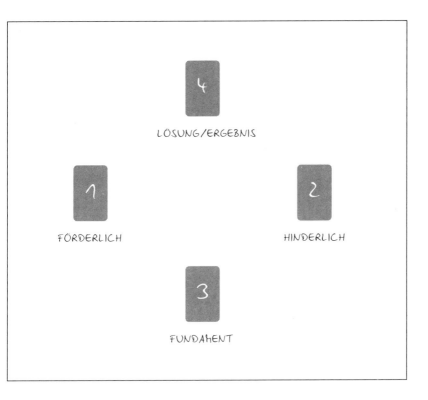

Position 1 – Förderlich

Hierauf sollten wir unsere Aufmerksamkeit richten, dem sollten wir Energie geben. Wenn auf dieser Position eine eher unangenehme Karte liegt, kann dies heißen, dass wir unser Vorhaben genau hinterfragen, gegebenenfalls sogar aufgeben sollten.

Position 2 – Hinderlich

Das hier Angezeigte behindert unser Vorhaben. Wir sollten unsere Energie nicht dorthin ausrichten. Positive Karten warnen uns vor Leichtsinn und zu hohem Enthusiasmus.

Position 3 – Fundament

Hier finden wir Hintergründe und Ursachen unserer Sache, unser eigentliches Thema und unsere tiefere innere Motivation.

Position 4 – Lösung/Ergebnis

Für Positionen mit Zukunftstendenzen, wie hier der Fall, gilt prinzipiell: Wenn wir die Karte als angenehm einstufen, können wir sie als unser Ergebnis manifestieren. Dies geschieht dadurch, dass wir die hier angezeigte Energie im Alltag umsetzen. Sollte hier eine uns eher unangenehme Karte liegen, mildern wir deren tatsächliches Eintreffen in der Zukunft ab, indem wir den empfohlenen Schlüssel umgehend anwenden. Unter Umständen setzen wir das zukünftige Eintreffen sogar völlig außer Kraft – der dahinter stehenden Lektion ist es gleichgültig, *wie* wir sie lernen, entscheidend ist lediglich, *dass* wir sie lernen. (Siehe Kapitel Zukunftsprognosen)

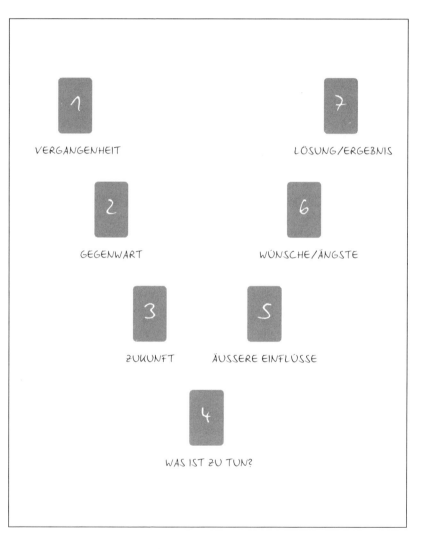

VERGANGENHEIT LÖSUNG/ERGEBNIS

GEGENWART WÜNSCHE/ÄNGSTE

ZUKUNFT ÄUSSERE EINFLÜSSE

WAS IST ZU TUN?

Dieses Legesystem mit sieben Karten eignet sich insbesondere, wenn man Fragen zu einem ganz konkreten Thema hat. Beispielsweise: »Wie soll ich mich beim Vorstellungsgespräch am 27.12. verhalten?«

Position 1, 2 und 3 – siehe Legesystem Das Zeitspiel

Position 4 – Was ist zu tun

Wir sehen hier konkret, welches Vorgehen gegenwärtig optimal für unser Vorhaben ist. Unser nächster Schritt kann auf unterschiedlichen Ebenen (Element) und in verschiedenen Geschwindigkeiten stattfinden. Wir erhalten hier den Schlüssel, Position 3, Zukunft, abzuändern, wenn wir dies wollen. Angekündigte Positivergebnisse können wir unter Umständen beschleunigen oder sogar verbessern.

Position 5 – Äußere Einflüsse

Diese Position zeigt an, wie uns die Außenwelt begegnet. Es ist nicht sofort ersichtlich, ob diese Einflüsse bereits jetzt auf unsere Sache einwirken oder ob wir erst in der Zukunft mit ihnen zu rechnen haben. Nachdem uns die Außenwelt stets den Spiegel vorhält, können wir hier auch erfahren, was uns die Außenwelt letztlich lehren will.

Position 6 – Wünsche/Ängste

Paradoxerweise sitzt hinter unserer Angst immer unser größter Wunsch, und unser größter Wunsch zeigt uns zugleich auch unsere größten Ängste auf. Liebe und Angst sind unsere beiden Urpole und, auf das befragte Thema bezogen, wird das Zusammenspiel dieser beiden Kräfte hier angezeigt.

Position 7 – Lösung/Ergebnis

Hier erfahren wir, wie wir unser Thema lösen können und gleichzeitig, wie das Ergebnis unserer Angelegenheit aussehen wird, wenn wir den Dingen ihren Lauf lassen. Die Karte umfasst Gegenwart und Zukunft gleichermaßen. Sollten wir mit dem angekündigten Ergebnis nicht einverstanden sein, sollten wir diese Energie als unseren Lösungsschlüssel betrachten. Wenn wir zugleich den Rat der Karte auf Position 4 befolgen, haben wir alle Trümpfe in der Hand, um ein unerwünschtes Ergebnis in eine zu lernende Lektion umzuwandeln, die sich nicht grobstofflich zu materialisieren braucht.

LEGESYSTEM
DAS ALTE KREUZ (KELTENKREUZ)

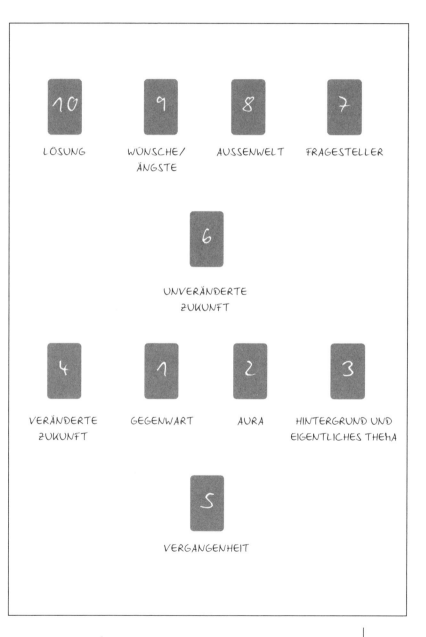

Sie können das Alte Kreuz zu konkreten Themen befragen oder aber auch ohne bestimmte Fragestellung als derzeitige Bestandsaufnahme Ihres Lebens zu Rate ziehen. Dieses Legesystem ist für Anfänger und Fortgeschrittene gleichermaßen geeignet, denn es beantwortet unsere Fragen auf unendlich vielen Schichten.

Position 1 – Gegenwart
Wir sehen hier völlig objektiv die Ausgangslage unserer Sache, so wie sie gegenwärtig stattfindet.

Position 2 – Aura
Hier finden Sie, was sich gerade manifestieren will, was den Frager und seine Situation »umschwirrt«. Die Einflüsse, die uns hier aufgezeigt werden, können hemmend oder fördernd für die Ausgangslage sein. Feinstofflich wirken sie bereits in unsere Sache hinein mit der starken Tendenz, sich weiter zu verdichten.

Position 3 – Hintergrund
Hier finden wir Hintergründe und Ursachen unserer Sache, unser eigentliches Thema und unsere tiefere innere Motivation. Die Kurzformel für diese Position lautet: »Darauf ruht es.« Je schneller die Botschaft der hier liegenden Karte bewusst verstanden und umgesetzt wird, umso kürzer wird die gesamte Auslage Gültigkeit haben. Hier kann die Fragestellerin Zeit beschleunigen oder verzögern – ausweichen kann sie der Lektion dieser Karte nicht.

Position 4 – veränderte Zukunft
Sollte die Fragerin mit ihren momentanen Lebensumständen und der angezeigten Zukunft auf Position 6 nicht einverstanden sein, wird sie natürlich Änderungen vornehmen wollen, deren Ergebnis hier angezeigt wird. Die Gesamtauslage wird zeigen, welche Änderungen dies sein sollten.

Position 5 – Vergangenheit
Die Karte zeigt an, was wir jetzt hinter uns lassen können; sie zeigt uns aber auch das Fundament und die Stufe auf, auf welcher wir unseren

nächsten inneren und äußeren Wachstumsschritt aufbauen können. Die entsprechenden Ereignisse können erst kürzlich stattgefunden haben, jedoch auch weit zurückreichen.

Position 6 – unveränderte Zukunft

Wenn der Frager fortfährt wie bisher, wird stattfinden, was diese Karte ankündigt. Es liegt auf der Hand, dass wir bei positiven Karten auf dieser Position in unserem Verhalten bestärkt werden, während uns weniger erfreuliche Karten darauf hinweisen, dass wir umgehend Änderungen vornehmen sollten. Welche Konsequenzen unsere Richtungsänderung dann letztlich haben wird, wissen wir durch Position 4. Nachdem der Mensch keinen Schalter besitzt, um sich von einer Sekunde zur anderen umzustellen, findet zwischen den Positionen 4 und 6 stets ein fortlaufender Prozess statt, der seine Zeit braucht. Deshalb manifestiert sich unsere Zukunft immer im Bereich zwischen Karte 6 und Karte 4.

Position 7 – Fragesteller

Wie wir unsere Angelegenheit wahrnehmen, aber auch welches vorhandene Potential wir zum Einsatz bringen sollten, sehen wir anhand dieser Karte. Die hier angezeigte Energie sollten wir ab sofort bewusster und intensiver in unser Leben einbringen. Hindernde Energien gilt es zu erkennen und zu transformieren.

Position 8 – Außenwelt

Diese Position zeigt an, wie uns die Außenwelt begegnet. Häufig ist nicht sofort ersichtlich, ob diese Einflüsse schon jetzt auf unsere Sache einwirken oder ob wir erst in der Zukunft mit ihnen zu rechnen haben. Nachdem uns die Außenwelt stets den Spiegel vorhält, können wir hier auch erfahren, was uns die Außenwelt letztlich lehren will. Die Karte korrespondiert mit Position 2.

Position 9 – Wünsche/Ängste

Paradoxerweise sitzt hinter unserer Angst immer unser größter Wunsch und unser größter Wunsch zeigt uns zugleich auch unsere stärksten

Ängste auf. Liebe und Angst sind unsere beiden Urpole und auf das befragte Thema bezogen, wird das Zusammenspiel dieser beiden Kräfte hier angezeigt.

Position 10 – Lösung

Hier erfahren wir, wie wir die bestmögliche Lösung unserer Angelegenheit herbeiführen können. Die Karte korrespondiert insbesondere mit Position 3, wo wir erfahren, welche konkreten Hintergründe unsere Situation letztlich ins Leben gerufen haben. Position 10 umfasst Gegenwart und Zukunft gleichermaßen. Sollten wir mit unserer Gegenwart und dem angezeigten Zukunftsergebnis auf Position 6 nicht zufrieden sein, ist es ratsam für den Fragesteller, den Lösungsschlüssel nach besten Kräften anzuwenden.

ZUKUNFTSPROGNOSEN

In den hier vorgestellten Legesystemen finden Sie die Positionen »Lösung/Ergebnis« und »Zukunft«. Karten auf diesen Positionen sagen uns, welche zukünftigen Ergebnisse wir erhalten werden, wenn wir unsere gegenwärtige Richtung weiterhin beibehalten. Sollte auf diesen Positionen eine uns unangenehme Karte zu liegen kommen, mildern wir deren tatsächliches Eintreffen ab oder setzen dieses sogar völlig außer Kraft, indem wir die empfohlene Lösung rechtzeitig realisieren und unser weiteres Vorgehen entsprechend ausrichten. Der tiefere Sinn von Karten auf Zukunftspositionen ist es, unseren Blickwinkel zu erweitern und unsere anstehende Lernaufgabe anzunehmen. Häufig müssen unangenehme Situationen gar nicht erst grobstofflich in unserem Leben erscheinen, wenn wir deren Hintergrund bewusst erkennen.

*BEISPIEL: Sie hinterfragen ein Geschäftsvorhaben, das Sie tätigen wollen, anhand des Legesystems »Das kleine Kreuz« und erhalten Sieben der Scheiben, Fehlschlag, auf Position 4, Lösung/Ergebnis. Wenn Sie die Karte als Lösungsschlüssel anwenden und von Ihrem momentanen Vorhaben ablassen, wird das befragte Geschäft zwar nicht stattfinden, was durchaus als Fehlschlag zu interpretieren ist. Wenn Sie die Empfehlung, Ihren Einsatz **jetzt** nicht auf den Tisch zu legen, jedoch in den Wind schlagen und Ihr Geschäft trotzdem tätigen, werden Sie Ihren Fehlschlag in einer ganz anderen Gewichtung erleben, Sie werden nämlich Ihr investiertes Geld verlieren. Ein anderes Geschäft, das Ihnen später vielleicht angeboten wird, werden Sie aus Geldmangel dann ebenfalls nicht tätigen können. Die Botschaft der Fehlschlagskarte lautet konkret, dass Sie Ihren Einsatz **jetzt** nicht auf den Tisch legen sollten. Somit haben Sie Ihre Zukunft durch Befolgen des Ratschlags Ihrer Karten und die Ausübung Ihres freien Willens sehr wohl selbst gestaltet. Die restlichen Karten in der Auslage werden weitere Hintergründe aufdecken.*

ZWEITES BEISPIEL: *Unter den gleichen Voraussetzungen wie in unserem ersten Beispiel ziehen Sie auf Position 4 die Fünf der Schwerter, Niederlage, die Ihnen in erster Linie rät, der materiellen Seite Ihres Vorhabens weniger Gewicht als momentan einzuräumen, was unter anderem heißen könnte, dass Sie den Gewinn und die Zufriedenheit Ihres geschäftlichen Gegenüber nicht gebührend berücksichtigen. Außerdem wird durch die Niederlagen-karte die Ursache für Ihr Verhalten aufgedeckt, nämlich dass Ihr Glaubens-satz die Erwartung einer Niederlage Ihres Vorhabens ist und Sie sich deshalb übermäßig absichern wollen. Wenn Sie den erhaltenen Ratschlag befolgen und Ihr Verhalten diesbezüglich ändern, können Sie unter diesen neuen Voraussetzungen Ihr Geschäft tatsächlich tätigen, das dann keineswegs in einer Niederlage enden muss. Sollten Sie an Ihren momentanen Denkstruk-turen jedoch weiterhin festhalten, werden Sie früher oder später eine Nie-derlage Ihres Vorhabens erleben mit dem Sinn, eben dann Ihren Glaubens-satz zu ändern. Sie sehen, Lösung muss nicht gleich Ergebnis – Zukunft muss nicht gleich Zukunft – sein, wenn wir den erhaltenen Schlüssel auf Position 4 und allen anderen Zukunftspositionen konsequent anwenden.*

WEITERES BEISPIEL: *Unter den gleichen Voraussetzungen wie oben er-scheint die Fünf der Kelche, Enttäuschung, auf Position 4, die Ihnen schlicht und ergreifend sagt, dass Ihre Erwartungen in das geplante Geschäft zu hoch oder auch falsch gelagert sind. Wenn Sie diese Erwartungen nun frei-willig auf ein realistisches Maß reduzieren und auch entsprechend vorge-hen, wird Ihr Geschäft durchaus erfolgreich verlaufen können, nur eben nicht so, wie Sie sich das ursprünglich vorgestellt hatten. Sollten Sie den Ratschlag der Fünf Kelche jedoch nicht beachten, werden Sie eine Enttäu-schung erleben mit den entsprechenden Konsequenzen: Ihre Angelegen-heit wird einen anderen Verlauf nehmen als erwartet. Je mehr Sie an Ihrer gegenwärtigen Täuschung festhalten, desto größer wird Ihre Ent-Täuschung letztlich ausfallen. Sie sehen, inwieweit Sie also die auf Zukunftspositionen angezeigten Ergebnisse abmildern oder ändern können, indem Sie den Schlüssel, die Lösung, befolgen und somit durch Ausübung Ihres freien Willens Einwirkungen auf das angezeigte Ergebnis haben werden.*

UND NOCH EIN BEISPIEL: *Erneut die selben Voraussetzungen, diesmal mit der Prinzessin der Schwerter auf der Lösungs- bzw. Ergebnisposition.*

Die Karte rät an, dass wir jetzt keinesfalls mit unseren Vorstellungen hinter dem Berg halten sollten und dass jegliche falsche Rücksicht aus Gründen der Harmonie fehl am Platz ist. Sollten wir den Ratschlag der Karte befolgen und uns entsprechend verhalten, wird uns dies neue Möglichkeiten eröffnen, die wir bislang nicht beachtet haben, selbst wenn dies zur Trennung führen würde. Sollten wir die Schlüsselkarte jedoch nicht umsetzen, wird unser Geschäft im weiteren Verlauf ganz sicher in Streitigkeiten einmünden, selbst wenn wir für den Moment die Harmonie noch wahren. Entscheidend ist natürlich, dass wir aus unserer neuen Perspektive heraus unser Verhalten überprüfen und uns fragen, wo genau wir denn die Harmonie künstlich aufrecht erhalten wollen. Beim Aufdecken der entsprechenden Hintergründe werden uns stets weitere Karten in der Auslage helfen.

Die Ergebniskarte muss also, wie auch alle anderen Karten auf Zukunftspositionen nicht zwingend auch unser zukünftiges Ergebnis sein. Dies hängt in erster Linie davon ab, ob wir die Hintergründe unserer Angelegenheit erkennen und die entsprechenden Korrekturen vornehmen. Diese können durchaus rein energetischer Natur sein, je nach gezogenem Kartenbild (Glaubenssätze lösen, nicht mehr länger der Täuschung erliegen, nicht mit dem Kopf durch die Wand wollen usw.). Wenn auf Zukunftspositionen eine uns angenehme und wünschenswerte Karte erscheint, werden wir in unserem bisherigen Verhalten bestärkt und sollten unsere Energie natürlich auch weiterhin gleichermaßen ausrichten wie bisher. Wir räumen hindernde Zweifel aus und intensivieren unseren Einsatz, was dann schnellere und effektivere Resultate mit sich bringen wird. Bereits die Tatsache, dass wir uns über die tieferen Hintergründe unserer Fragen bewusst werden, wird Energie in Bewegung bringen und dadurch Veränderungen unserer Alltagssituationen bewirken.

Karten auf Zukunftspositionen zeigen uns also zukünftige Ergebnisse an, wenn wir auf den unterschiedlichen Ebenen (Element) weiterhin genauso vorgehen wie bisher. Wir entscheiden, ob wir die angezeigte Energie als angenehm einstufen. Wir unterstützen unser Vorhaben entsprechend oder aber wir nehmen die als Lösungsvorschlag angebotenen Kurskorrekturen vor. Im Legesystem »Das Alte Kreuz« haben wir sogar die Wahl zwischen mehreren möglichen »Zukünften« und außerdem eine spezielle Lösungskarte – es sollte also in unserer Kraft stehen, entsprechend schöpferisch tätig zu werden. Der freie Wille mit all seinen Konsequenzen ist das Geschenk der Gottheit an den Menschen. Sie, nur Sie entscheiden, wie Sie Ihren freien Willen anwenden und welche Wahl Sie unter den gegebenen Umständen treffen. Jeder Mensch, der Ihnen etwas anderes einreden will, beraubt Sie Ihres freien Willens und entwertet zugleich den Reichtum des Tarot!

TAROT-MEDITATION

Eine sehr wirkungsvolle Methode zur Erhöhung Ihrer persönlichen Energie, die zudem relativ wenig Aufwand erfordert, ist die Tarot-Meditation. Im Fernen Osten gebraucht man für die Meditation mit Bildern spezielle Mandalas. Man sucht sich eine Bildvorlage gemäß seinen Zielen aus und versenkt sich in diese. Das Mandala bringt den Meditierenden in Kontakt mit der gewünschten Energie. Langsam, doch stetig erwachen durch diese Form der Versenkung schlummernde Kräfte des meditierenden Menschen. In vielen Kulturen weiß man um die Wirkung, die durch spezielle Bildvorlagen beim Menschen erzielt werden können und fertigt seit Jahrtausenden entsprechende Mandalas an. In unserem Kulturkreis verfügen wir ebenfalls über energetisch sehr starke Mandalas, nämlich die Bilder des Tarot. Wir können durch den meditativen Kontakt mit den Tarot-Bildern unsere Energie gezielt aktivieren. Wir setzen während unserer Versenkung in eine Karte bewusst Ursachen in unserem Unterbewusstsein, was dann wiederum die entsprechenden Kräfte in uns zum Fließen bringen wird.

Wenn wir uns meditativ in eine Karte hineinversetzen, erspüren wir diese und geraten mit ihrer Energie in sehr tiefen Schichten in Kontakt. Die auf der Karte vorhandene Szenerie mit ihren Farben und Symbolen bewirkt während unserer Verschmelzung, dass wir mit den dahinter liegenden Kräften in Resonanz treten. Die aktivierte Energie kann uns dann im Alltag bei jeglicher Form der Wunscherfüllung unterstützen. Natürlich lernen Sie die Tarot-Karten durch Ihre Meditationen auch erheblich intensiver kennen, was das Spektrum Ihrer Deutungsmöglichkeiten wiederum erweitern wird. Außerdem wirken sich regelmäßige Meditationen positiv auf unseren Gemütszustand und unsere Gesundheit aus. Und nicht zuletzt können Sie durch die Aktivierung der angesprochenen Kräfte Ihren Lebenszielen aktiv entgegengehen.

Die Tarot-Meditation ist ein sehr machtvoller Akt, der auf unserer magisch-mystischen Seinsebene stattfindet und deshalb keinesfalls für unlautere, manipulative Zwecke missbraucht werden sollte. Insbesondere bei den Crowley-Karten handelt es sich aufgrund ihrer vielschichtigen Gestaltung um einen sehr tiefgreifenden energetischen Kontakt. Mit der Zeit werden Sie in die Lage versetzt, dass Sie die während der Meditation erlebten Gemütszustände auch in alltäglichen Situationen aus sich selbst heraus erzeugen können, was insbesondere unter »Stress« sehr hilfreich sein kann. Sie können beispielsweise schneller zu innerer Ruhe gelangen oder Ihre Offensivkraft aktivieren, wenn dies nötig sein sollte. Anhand des folgenden Beispiels mit dem Ass der Stäbe sollte Ihnen deutlich werden, warum Sie sich im Vorfeld sehr genau überlegen sollten, mit welcher Karte Sie meditieren und welche Energie gerade für Sie förderlich ist.

MEDITATION ASS DER STÄBE

Setze Dich bequem hin und stelle die Karte bei gedämpftem Licht in Augenhöhe vor Dir auf. Der Rücken ist gerade und der Atem beruhigt sich. Die Füße ruhen auf dem Boden, auf der Erde, die uns alle trägt. Die Hände liegen locker und bequem auf den Schenkeln. Der Körper entspannt sich, die Füße mit den Knöcheln, die Waden, die Schenkel, der Rücken, die Schultern, der Nacken, das Gesicht. Der Atem geht ruhig und gleichmäßig. Mit jedem Atemzug entspannst Du Dich jetzt mehr und mehr und wirst dabei immer ruhiger und gelöster.

Nimm Verbindung mit dem Bild vor Dir auf. Betrachte dieses Bild mit ruhiger Aufmerksamkeit, lasse es für eine Weile auf Dich wirken. Wie empfinde ich das Ass der Stäbe? Störende Gedanken oder intellektuelle Spekulationen über die Bedeutung der Karte solltest Du durchziehen lassen und ihnen keine weitere Energie geben. Kehre, wenn Du abgelenkt werden solltest, zum Bild vor Dir zurück und betrachte es weiterhin mit Ruhe und Gelassenheit.

Lass das Ass der Stäbe vor Deinem inneren und äußeren Auge jetzt wachsen und immer größer werden. Fühle die ungezügelte Energie, die von ihm ausgeht. Kontrolliere nicht, sondern spüre den Feuerzungen nach, die sich

nach allen Seiten hin ausbreiten und deren Kraft und Hitze auch Dich be-
rühren. Du kannst die Wärme und die Kraft der Feuerfackel spüren. Bleibe
weiterhin ruhig und zentriert. Mit jedem Einatmen kommt das Ass des Feu-
ers Dir jetzt näher, dabei an Größe und Energie zunehmend. Mit jedem Ein-
atmen spürst Du die Feuerkraft noch mehr. Du und der Feuerstab stehen
sich jetzt direkt gegenüber, sodass Ihr Berührung habt. Langsam ver-
schmilzt das Feuer mit Dir.

Mit einem tiefen Atemzug dringt die Energie und das Wesen des Feuers
in Dich ein, und Du bist jetzt selbst das Ass der Stäbe, bist die Kraft des
Feuers. Fühle die innere Glut in Dir, das nährende Lebensfeuer in Deinem
Körper, der sich immer mehr erwärmt. Fühle die Urkraft des Feuers in Dir.
Du bist Licht. Du bist Energie. Mit jedem Einatmen wirst Du kraftvoller und
mit jedem Ausatmen gibst Du Wärme, ja Hitze ab. Du bist ein leuchtendes
Wesen, und aus Dir strömt Licht und Energie in die Welt. Bade in dieser
kraftvollen Energie, sei Eins mit Ihr. Du bist Energie.

Wenn Du glaubst, dass Du Dich ausreichend aufgetankt hast und es jetzt
genug ist für Dich, trenne Dein Bewusstsein mit jedem Ausatmen ein we-
nig mehr von der Karte, bis Du Dir wieder völlig darüber im Klaren bist, dass
vor Dir eine Karte aus Deinem Tarot-Spiel steht. Kehre ins gewohnte
Alltagsbewusstsein zurück und beende Deine Meditation. Bedanke Dich bei
der Karte für Dein Erlebnis mit ihr.

Eindrücke, die jetzt aufsteigen, sollten Sie sich notieren. Es kann sich
um rationale Überlegungen handeln oder intuitiv aufsteigende Botschaften aus Ihrem Inneren. Ähnlich wie beim Brainstorming sollten Sie
jedenfalls mit den Impulsen, die sich jetzt melden, achtsam und mit der
gebotenen Aufmerksamkeit umgehen, und diese nicht als Spinnereien
verwerfen.

Sie können beispielsweise auch meditativ nachempfinden, wie dem
Ritter der Schwerter der Wind um die Ohren weht, wie Sie in der Turm-

Energie gerade Ihren Rahmen sprengen, oder wie Ihre Sinne mittels der Acht Stäbe gerade die Umgebung leicht und spielerisch abtasten ...

Sie werden die Wirkung der Arkanen auf Sie auch bemerken, wenn Sie lediglich mit einer Karte über einen gewissen Zeitraum in Verbindung bleiben, diese also mit sich tragen, gut sichtbar in Ihrer Wohnung platzieren oder sich ganz einfach länger mit ihr beschäftigen.

NACHWORT

Die Tarot-Karten bringen uns, wie auch jede andere sinnvolle spirituelle Technik, in Kontakt mit den Energien unseres Unbewussten. Im Normalfall besitzen wir nur wenig Erfahrungswerte im Umgang mit den Kräften, die jetzt an die Oberfläche unseres Bewusstseins gelangen. Unter Umständen überrascht uns unser ungewohntes Potential zu Beginn unserer neuen Beschäftigung, doch wollen uns die Kräfte des Unbewussten niemals Angst einjagen. Sie wollen lediglich entdeckt und beachtet werden.

In jedem von uns schlummern ungeahnte Möglichkeiten, die zum Leben erweckt und ausgelebt werden wollen. Durch die Anwendung vormals unterdrückter Fähigkeiten werden sich neue Wege eröffnen, die wir bisher ausgegrenzt hatten. Unser Ego will uns übermäßig schützen und absichern. Ihm fehlt das Vertrauen, das wir benötigen, um diese neuen Wege unvoreingenommen beschreiten zu können.

Das Ego, das unser Leben lange Zeit unter Kontrolle hielt, wird aufgrund unseres neuen Kraftzuwachses, der jetzt in unser Bewusstsein drängt, zwangsläufig zurückweichen müssen – und es wird dies niemals freiwillig tun. Wundern Sie sich also nicht, wenn im Zuge Ihrer Tarot-Beschäftigung manchmal innere und äußere Hindernisse auftreten sollten. Das Ego ist listig und wird die unterschiedlichsten Tricks anwenden, um seine bisherige, auf übertriebene Absicherung ausgerichtete Vormachtstellung nicht abgeben zu müssen.

Jeder sinnvolle Einweihungsweg – und der Tarot ist letztlich ein Einweihungsweg – zwingt unser Ego dazu, seine gewohnte Übermacht aufzugeben. Dies soll nicht heißen, dass wir unser Ego über Bord werfen sollen. Wenn das Ego die Rolle einnimmt, die ihm von Natur aus zugedacht ist, wird es uns hervorragende Dienste leisten. Als Herrscher jedoch beraubt es uns unserer Freiheit und Lebenskraft.

Mit dem Zurückweichen unseres Ego werden die vormals unbewussten Kräfte des Selbst die Führung unseres Lebens übernehmen. Es ist unser Unbewusstes, welches uns mit unserer kosmischen Herkunft, unserer Bestimmung verbindet. Diese bewusst zu erkennen und zu leben, ist das Angebot, das der Tarot uns unterbreitet.

DER AUTOR Bereits seit früher Jugend sammelt Armin Denner praktische Erfahrung mit spirituellen Disziplinen verschiedener Kulturen. Lange Aufenthalte im Fernen Osten und in Mittelamerika brachten ihn zu seinem heutigen Spezialgebiet. Seit 1986 beschäftigt er sich mit dem Tarot, den er als einen Einweihungsweg des Westens begreift.

Der Tarot ist für ihn keineswegs weltfremd oder abgehoben. Seriöse Spiritualität, wie Armin Denner sie versteht, ist ein fester Bestandteil der menschlichen Natur, die jeder Mensch in sich erwecken und ins tägliche Leben integrieren kann. Den Tarot sieht er als unterstützende Entscheidungs- und Lebenshilfe auf dem Weg, die Einheit von Geist, Seele und Körper im Alltag zu erreichen.

Kontakt
Armin Denner, Tarotproject
Imhofstraße 63, D-86159 Augsburg
webmaster@tarotproject.com
www.tarotproject.com